和谐校园文化建设读本

如何培养中小学生的阅读习惯

康立杰　石　敏／编著

吉林教育出版社

图书在版编目（CIP）数据

如何培养中小学生的阅读习惯 ／ 康立杰，石敏编著
．－长春：吉林教育出版社，2012.6（2023.2重印）
（和谐校园文化建设读本）
ISBN 978-7-5383-8823-7

Ⅰ．①如… Ⅱ．①康… ②石… Ⅲ．①小学生－课外
阅读－能力培养 Ⅳ.①H09

中国版本图书馆 CIP 数据核字（2012）第 117080 号

如何培养中小学生的阅读习惯
RUHE PEIYANG ZHONG-XIAOXUESHENG DE YUEDU XIGUAN　　康立杰　石　敏　编著

策划编辑	刘 军　　潘宏竹		
责任编辑	刘桂琴	**装帧设计**	王洪义

出版　吉林教育出版社（长春市同志街 1991 号　邮编　130021）

发行　吉林教育出版社

印刷　北京一鑫印务有限责任公司

开本　710 毫米×1000 毫米　1/16　　**印张**　10.5　　**字数**　133 千字

版次　2012 年 6 月第 1 版　　**印次**　2023 年 2 月第 2 次印刷

书号　ISBN 978-7-5383-8823-7

定价　39.80 元

编　委　会

主　　编：王世斌

执行主编：王保华

编委会成员：尹英俊　尹曾花　付晓霞
　　　　　　刘　军　刘桂琴　刘　静
　　　　　　张　瑜　庞　博　姜　磊
　　　　　　潘宏竹
　　　　　　（按姓氏笔画排序）

总 序

千秋基业，教育为本；源浚流畅，本固枝荣。

什么是校园文化？所谓"文化"是人类所创造的精神财富的总和，如文学、艺术、教育、科学等。而"校园文化"是人类所创造的一切精神财富在校园中的集中体现。"和谐校园文化建设"，贵在和谐，重在建设。

建设和谐的校园文化，就是要改变僵化死板的教学模式，要引导学生走出教室，走进自然，了解社会，感悟人生，逐步读懂人生、自然、社会这三本大书。

深化教育改革，加快教育发展，构建和谐校园文化，"路漫漫其修远兮"，奋斗正未有穷期。和谐校园文化建设的研究课题重大，意义重要，内涵丰富，是教育工作的一个永恒主题。和谐校园文化建设的实施方向正确，重点突出，是教育思想的根本转变和教育运行机制的全面更新。

我们出版的这套《和谐校园文化建设读本》，既有理论上的阐释，又有实践中的总结；既有学科领域的有益探索，又有教学管理方面的经验提炼；既有声情并茂的童年感悟；又有惟妙惟肖的机智幽默；既有古代哲人的至理名言，又有现代大师的谆谆教诲；既有自然科学各个领域的有趣知识；又有社会科学各个方面的启迪与感悟。笔触所及，涵盖了家庭教育、学校教育和社会教育的各个侧面以及教育教学工作的各个环节，全书立意深邃，观念新异，内容翔实，切合实际。

我们深信：广大中小学师生经过不平凡的奋斗历程，必将沐浴着时代的春风，吸吮着改革的甘露，认真地总结过去，正确地审视现在，科学地规划未来，以崭新的姿态向和谐校园文化建设的更高目标迈进。

让和谐校园文化之花灿然怒放！

本书编委会

目 录

第一章　阅读对中小学生的意义

一、墨香铸就辉煌
——古今名人读书故事

司马迁——放羊不误读书工

　　司马迁的父亲司马谈在汉武帝时任太史令，是负责编写史书的官员。司马迁自幼就是个懂事的孩子，常常帮助家里耕种庄稼，放牧牛羊，养成了勤劳、能吃苦的习惯。受父亲的影响，他从小就对历史非常感兴趣，从 10 岁起就开始阅读古代的史书，并立志长大了要做一位史学家。

　　一天，快吃晚饭了，父亲把司马迁叫到跟前，指着一本书说："孩子，近几个月，你一直在外面放羊，没工夫学习。我也公务缠身，抽不出空儿来教你。现在趁饭还不熟，我教你读书吧。"司马迁看了看那本书，又感激地望了望父亲，说："父亲，这本书我读过了，请你检查一下，看我读得对不对？"说完把书从头至尾背诵了一遍。听完司马迁的背诵，父亲感到非常奇怪。他不相信世界上真有神童，不相信无师自通，也不相信传说中的神人点化。可是，司马迁是怎么会背诵的呢？他百思不得其解。

第二天，司马迁赶着羊群在前面走，父亲在后边偷偷地跟着。羊群翻过村东的小山，过了山下的溪水，来到一片洼地。洼地上水草丰美，绿油油的惹人喜爱。司马迁把羊群赶到草地中央，等羊开始吃草后，他就从怀中掏出一本书来读，那朗朗的读书声不时地在草地上萦绕回荡。看着这一切，父亲明白了。他高兴地点点头，说："孺子可教！孺子可教！"

后来，司马迁拜大学者孔安国和董仲舒等人为师，继续努力苦读，并到各地游历，考察历史和风土人情，这为他日后编写史学巨著《史记》提供了充足的史料。

人物小链接

司马迁（前 145 或前 135—约前 87），字子长，西汉夏阳（今陕西省韩城市，一说今山西省河津市）人，中国古代伟大的史学家、思想家、文学家，被后人尊称为"史圣"。他最大的贡献是创作了中国第一部纪传体通史《史记》（原名《太史公书》）。《史记》记载了从上古传说中的黄帝时期，到汉武帝元狩元年（前 122 年），长达 3000 多年的历史。司马迁"究天人之际，通古今之变，成一家之言"而完成的《史记》，成为中国历史上第一部纪传体通史，被鲁迅誉为"史家之绝唱，无韵之离骚"，对后世影响巨大。

鲁迅——用奖章换书和辣椒

鲁迅从年轻时便酷爱读书，他进入江南陆师学堂附设的矿路铁路学堂时，正是西方文化被引入中国的时期，几乎每个月都有优秀的西方著作出版。由于家道中落，鲁迅当时的生活并不是很宽裕，而为了买到这些书籍，鲁迅省吃俭用，节衣缩食，饿肚子现象时有发生，寒冷的冬季，他还穿着单薄的夹衣。鲁迅是班里年龄最小的，却是成绩最好的一个。他有着极强的理解能力和记忆能力，平时学习又刻苦，所以几乎回回得第一。矿路铁路学堂有着一套完善的奖惩制度，每次小考成绩优异的，都发给一个三等奖章；若干个三等奖章，可以兑换一个二等奖章；积够若干个二等奖章，就发给一个头等奖章。头等奖章是金质的，很值钱。鲁迅是班里唯一一个荣获过金质奖章的人。他在获得奖章以后，并没有像其他同学一样把它作为无限的荣耀而珍藏起来，而是立即拿到南京钟鼓楼街头卖掉了，然后买了几本书，又买了一串红辣椒。每当晚上读书时，寒冷难耐，他便摘下一个辣椒，放在嘴里嚼着，直辣得额头冒汗。他就用这种办法驱寒坚持读书。由于如此刻苦读书，鲁迅后来终于成为我国著名的文学家。

人物小链接

鲁迅（1881—1936），浙江绍兴人，原名周树人，字豫才。鲁迅的作品包括杂文、短篇小说、评论、散文、翻译作品。这些作品对于"五四运动"以后的中国文学产生了深刻的影响。毛泽东主席评价他是伟大的无产阶级的文学家、思想家、革命家，是中国文化革命的主将，被称为"民族魂"。鲁迅先生一生写作共计有600万字，其中著作约500万字，辑校和书信约100万字。代表作品：《呐喊》《彷徨》《故事新编》《朝花夕拾》。

凿壁偷光

西汉时，少年时的匡衡非常勤奋好学。由于家里很穷，所以他白天必须干许多活，挣钱糊口。只有到了晚上，他才能坐下来安心读书。不过，他又买不起蜡烛，天一黑，就无法看书了。匡衡因为感觉这样太浪费时间，内心非常痛苦。他的邻居家里很富有，一到晚上好几间屋子都点起蜡烛，把屋子照得亮堂堂的。匡衡有一天鼓起勇气，对邻居说："我晚上想读书，可买不起蜡烛，能否借用您家的一寸之地呢？"邻居一向瞧不起比他们家穷的人，就恶毒地挖苦说："既然穷得买不起蜡烛，还读什么书呢！"匡衡听后非常气愤，不过他更下定决心，一定要把书读好。匡衡回到家中，悄悄地在墙上凿了个小洞，邻居家的烛光就从这洞中透过来了。他借着这微弱的光线，如饥似渴地读起书来，渐渐地把家中的书全都读完了。匡衡读完这些书，深感自己所掌握的知识是远远不够的，他想继续多看一些书的愿望更加迫切了。

附近有个大户人家，有很多藏书。一天，匡衡卷着铺盖出现在大户人家门前。他对主人说："请您收留我，我给您家里白干活不收报酬。只是让我阅读您家的全部书籍就可以了。"主人被他的精神所感动，答应了他借书的要求。

匡衡就是这样勤奋学习的，后来他做了汉元帝的丞相，成为西汉时期有名的学者。

匡衡（生卒年不详），字稚圭，东海郡承县（今山东省枣庄市峄城区王庄乡匡谈村）人。祖籍东海承（今山东省临沂市苍山县兰陵镇），至匡衡时，始迁居于山东省邹城市城关羊下村。西汉经学家，精通《诗经》，尤其擅长探讨诗句的含义。汉元帝时官至丞相。

悬梁刺股

东汉时候，有个人名叫孙敬。他年轻时勤奋好学，经常关起门，独自一人从早到晚不停地读书，常常是废寝忘食。他读书时间长，劳累了，还不休息。时间久了，他疲倦得直打瞌睡。他怕影响自己的读书学习，就想出了一个特别的办法。古时候，男子的头发很长，他就找来一根绳子，一头牢牢地绑在房梁上，另一头绑在自己的头发上。当他读书疲劳时打盹了，头一低，绳子就会牵住头发，这样会把头皮扯痛了，他马上就清醒了，再继续读书学习。经过这样的刻苦攻读，后来他终于成为著名的政治家。

战国时期，有一个人名叫苏秦。在年轻时，由于他学问不多不深，曾到好多地方做事，都不受重视。回家后，家人对他也很冷淡，瞧不起他。这对他的刺激很大。所以，他下定决心，发奋读书。他常常读书到深夜，很疲倦，常打盹，直想睡觉。他也想出了一个方法，准备一把锥子，一打瞌睡，就用锥子往自己的大腿上刺一下。这样，猛然间感到疼痛，使自己清醒起来，再坚持读书。经过这样的苦读，后来他也成为了著名的纵横家。

苏秦（前？—317），字季子，战国时期的洛阳（周王室直属）人，是与张仪齐名的纵横家，在当时被称为"一怒而诸侯惧，安居而天下熄"。苏秦最为辉煌的时候是劝说六国国君联合，当时他身佩六国相印，进军秦国，可是由于六国内部的问题，被秦国轻而易举地击溃了。

囊萤映雪

晋代时，车胤从小好学不倦，但因家境贫困，父亲无法为他提供良好的学习环境。为了维持温饱，没有多余的钱买灯油供他晚上读书。为此，他只能利用白天的时间背诵诗文。夏天的一个晚上，他正在院子里背一篇文章，忽然看见许多萤火虫在夜空中飞舞，那一闪一闪的光点，在黑暗中显得有些耀眼。他想，如果把许多萤火虫集中在一起，不就成为一盏灯了吗？于是，他去找了一只白绢口袋，抓了几十只萤火虫放在里面，再扎住袋口，把它吊起来。虽然这盏"萤灯"不怎么明亮，但可勉强用来看书了。从此，只要有萤火虫，他就去抓一些来当做灯用。由于他勤学苦练，后来终于做了职位很高的官。

同朝代的孙康情况也是如此，由于没钱买灯油，晚上不能看书，只能早早睡觉。他觉得让时间这样白白跑掉，非常可惜。一天半夜，他从睡梦中醒来，把头侧向窗户时，发现窗缝里透进一丝光亮。原来，那是大雪映出来的。他忽然想到可以利用它来看书。于是他倦意顿失，立即穿好衣服，取出书籍，来到屋外。宽阔的大地上映出的雪光，比屋里要亮多了。孙康不顾寒冷，立即看起书来，手脚冻僵了，就起身跑一跑，同时搓搓手指。此后，每逢有雪的晚上，他都不会放过这个好机会，孜孜不倦地读书。这种苦学的精神，促使他的学识突飞猛进，成为饱学之士，并在朝中为官。

人物小链接

车胤（约333—约401），字武子，东晋南平郡江安县西辛里（今湖北省公安市曾埠头乡）人。他自幼聪颖好学，最终学有所成。历任中书侍郎、侍中、国子监博学、骠骑长史、太常、护军将军、丹阳尹、吏部尚书。他为人公正、不畏强权，后被会稽王司马道子世子元显逼令自杀，死后追谥忠烈王。

艾萨克·牛顿——篱笆墙下的读书声

牛顿出生在英国一个普通家庭里。在牛顿出生前不久，他的父亲就去世了。母亲在他两岁那年改嫁了。当牛顿14岁的时候，他的继父故去了，母亲回到家乡，牛顿被迫休学，全家靠母亲种田过日子。母亲想培养他独立谋生，要他学习经营农产品的买卖。

一个勤奋好学的孩子多么不愿意离开心爱的学校啊！他伤心地哭闹了几次，可母亲始终没有回心转意，最后他只得违心地按母亲的意愿去学习经商。每天一早，他跟一个老仆人到十几里外的大镇子去做买卖。牛顿非常不喜欢经商，把一切事务都交托给老仆人经办，自己却偷偷跑到别的地方去读书。

时光渐渐流逝，牛顿越发对经商感到厌恶，心里所喜欢的只是读书。后来，牛顿索性不去镇里经商了，只是嘱咐老仆人独自去。因为怕家里人发觉，他每天与老仆人一同出去，到半路停下，在一个篱笆下读书。每当下午老仆人归来时，再一同回家。

这样，日复一日，篱笆下的读书生活倒也其乐无穷。一天，他正在篱笆下兴致勃勃地读书，赶巧被过路的舅舅看见。舅舅一看这个情景，很是生气，大声责骂他不务正业，然后把牛顿的书抢了过来。舅舅一看他所读的是数学书，上面画着种种记号，心里受到感动。舅舅一把抱住牛顿，激动地说："孩子，就按你的志向发展吧，你的正道应该是读书。"回到家里后，舅舅竭力劝说牛顿的母亲，让牛顿弃商就学。在舅舅的帮助下，牛顿如愿以偿地复学了。

人物小链接

艾萨克·牛顿（1643—1727），英国著名科学家、物理学家、数学家和哲学家。他在 1687 年发表的不朽著作《自然哲学的数学原理》里用数学方法阐明了宇宙中最基本的法则——万有引力定律和三大运动定律。这四条定律构成了一个统一的体系，被认为是"人类智慧史上最伟大的一个成就"，由此奠定了之后三个世纪中物理界的科学观点，并成为现代工程学的基础。牛顿为人类树立起"理性主义"的旗帜，开启工业革命的大门。2003 年，在英国广播公司举办的一次全球性的"最伟大的英国人"评选活动当中，牛顿被评为最伟大的英国人之首。

二、阅读的金钥匙打开智慧的大门

——阅读对中小学生智力发展的好处

所有家长都希望自己的孩子变得更加聪明。那么，怎样才能使自己的孩子变得更加聪明呢？其实有一条捷径，那便是让他们多读书，阅读是打开中小学生智慧大门的金钥匙。

英国著名剧作家莎士比亚说："生活里没有书籍，就好像没有阳光；智慧里没有书籍，就好像鸟儿没有翅膀。"俄国大文豪列夫·托尔斯泰也说过："理想的书籍是智慧的钥匙。"这两位名人的话是很有道理的。中小学生课外广泛阅读，看起来是习以为常的平凡过程，实际上是学生心理和古今一切民族的伟大智慧相结合的过程，是学生大脑智慧发展所必须接受的最佳刺激的过程。人的智慧发展需要丰富的知识营养和最佳的刺激，这种丰富的知识营养和最佳刺激，最好的来源是广泛阅读。阅读既能丰富知识，又能促进大脑神经系统良好的发育，它是中小学生"智力生活"的基础，是他们智慧发展的伴侣和导师，是他们智慧发展所必需的营养品，没有这种"营养品"，智慧的花朵就会慢慢地枯萎。

苏联著名教育家苏霍姆林斯基在《给教师的建议》中指出："30年的经验使我深信，学生的智力发展取决于良好的阅读能力。""让学生变聪明的方法，不是补课，不是增加作业量，而是阅读，阅读，再阅读。"苏霍姆林斯基在多年的教学实践中，积累了大量的阅读事实，证明了阅读在中小学生学习中的地位。在指导学生记忆规则、定义、结论的时候，他不是要求学生死记硬背，而是推荐大量有关的有趣味的阅读材料，让学生在阅读中发现问题，引发兴趣。特别是对于后进生来说，要有针对性地选择适合他们阅读的刊物，这些刊物最好是鲜明而有趣的，这样能激发他们的好奇心，唤醒他们的大脑，使其加强工作。

美国教育家施道弗告诉我们：阅读时用于眼球移动的时间仅占5％，其余95％的时间都用于思维。从生理构造来看，人的大脑是一个复杂的整体，如果它的一部分不够发达，就会阻碍整个脑的工作。我们都知道大脑的左半球主管思维，右半球主管记忆，如果两边不能协调进行，一味强调中小学生的强化记忆，而不让他们通过阅读来训练思维，那么他们的智力发展就会受阻。人的大脑好比待垦的荒地，广泛的高品位的阅读，会使它成为热土，只有在这样的沃野里，才有可能长出参天的智慧之树，结出丰硕的知识之果。

通过阅读，可以培养学生作文的想象能力和思维能力。文学作品中准确、生动的艺术形象描绘具有强大的感染力，能够刺激读者的感官，作用于大脑，引发相应的再造想象。因此，中小学生可以在默读、精读、反复诵读的过程中通过想象去领会作品的意象和意境、所表达的主旨和逻辑安排，在想象、思考中阅读，在阅读中想象、思考。尤其对于那些内容生动有趣、变化多样的课外读物来说，它们通过拟人、幻想来表达中小学生的生活世界，这就为活跃学生的思维、想象提供了极好的条件。它可以激发起中小学生的丰富联想，不断按书中提供的线索去思考，在这个过程中就可以迅速发展他们的思维力和想象力。

几乎所有文理兼修、学习轻松的中小学生，都是在平时就养成了良好的阅读习惯，对于课外书籍有着浓厚兴趣。有的中小学生只会死抠书本，他的精神世界无疑是贫瘠的盐碱地。即便现在的考分很高，他未来的发展空间也是十分狭小的。有的中小学生阅读兴趣单一，只读自己感兴趣的内容，比如军事、电脑等方面，除了自己喜欢的主题其他都不感兴趣。他在读其他各类文章时，不会分析段落大意，不知如何分析文中人物的性格，对语法不理解。这是因为他对军事、电脑读物感兴趣，使他积累了许多与此有关的词汇，所以读得越多，他就越有能力，越有能力就越有兴趣，导致他只会读与军事、电脑有关的主题，而不会读别的主题。这样不仅不利于他们的阅读能力的发展，而且不利于他们智力的发展。

课外阅读可以扩大中小学生的智力背景，书读得越多，知识面就会越开阔。同时会让中小学生在阅读中丰富头脑，使他们的思维更活跃，更具有灵活性。在遇到问题需要思考时，他们不会特别费力，同时由于可以从自己以往积累的知识财富中去探索，他们解决问题的方式也会比其他青少年更加多样。广泛的课外阅读是学生搜集和汲取知识的一条重要途径。通过这条途径，中小学生的知识面开阔了，思维也相对灵活起来，这就为他们提供了丰富的智力来源。

三、破万卷与下笔神

——阅读对中小学生作文的益处

阅读是写作的基础，为写作提供丰富的营养；写作是阅读的延伸，是知识积累程度的反映。它们都是中小学生思维发展过程的直接体现，从阅读出发，能够提高中小学生的写作水平，写作水平的提高又促进中小学生阅读能力的提升。

阅读是中小学生作文的"源头活水"

古今中外许多作家都认为自己写作能力的提高得力于博览群书。儒家学派的创始人孔子在 2000 多年前就提出："不学《诗》，无以言。"唐代大诗人杜甫在《奉赠韦左丞丈二十二韵》一诗中说："读书破万卷，下笔如有神。"著名作家邹韬奋先生曾说过："我所看到的书当然是不能都背诵得出的，看过了就好像和它分了手，但是当我拿起笔来写作的时候，只要用得着的任何文句或故事，它竟会突然出现在我的脑际；用不着它的时候，它在我的脑子里毫无踪影。"著名作家、教育家叶圣陶也说过："阅读是吸收，写作是倾吐。倾吐能否合乎法度，显然与吸收有密切关系。"冰心、巴金、朱光潜、高尔基等也都提出，由于积累的材料多，他们写起文章来才会思维活跃、视野开阔，旁征博引，左右逢源。

当被问到"在语文学习中，让你最感吃力的是什么"时，很多中小学生都会回答："是写作文。"事实也确实如此，很多中小学生写出来的作文像豆腐干一样，几乎找不出几个鲜活的词语，语句都是老生常谈，让人读来味同嚼蜡。中小学生视写作为语文学习的"头号负担"，"胸中无笔墨，枯肠难搜索"是一个重要问题。有一些中小学生平时很少看课外书，特别是语文课外阅读方面的书籍。有的学生甚至除了课本之外，没有一本课外阅读材料，很少看书读报，写作的知识贫乏，甚至连句子都写不通顺，写作文时想一句写一句，感到无话可说，无物可写；或者刚开了个头，敷衍了几句，就草草收场。只有让中小学生进行长久的、大量的课外阅读，从书中找养料，在潜移默化中受到文学的熏陶，从模仿起步，慢慢提高写作水平，才能真正克服"写作文难"这道难关。

南宋理学家朱熹在《观书有感》一诗中说："半亩方塘一鉴开，天光云影共徘徊。问渠那得清如许，为有源头活水来。"课外阅读正如中小学生写作文的"源头活水"，少了它，中小学生的作文溪流将会变得干涸。作文不能没有材料，好的文章总是给人材料丰富的好印象。荀子说过："积土成山，风雨兴焉。"中小学生要想写出一篇好的文章，就必须让自己积累的材料更加丰富。所以中小学生应该扩大自己的阅读量，扩充自己的"阅读内存"。从某种意义上来说，阅读的量决定了学生写作表达的层次，阅读品位的雅与俗也直接影响着写作表达的高与下。课外阅读可以使中小学生开阔视野、扩大知识面、提高文学素养、摄取间接的写作素材。中小学生只有进行大量的课外阅读，才能为写作积累丰富的资料，知识厚实，才能厚积薄发，写作文时素材自然信手拈来。这样，中小学生也就不会在写作文时抓耳挠腮、挤牙膏似的难受了。

"八股作文"难助中小学生写作能力的提高

中小学生作文能力的提高，有赖于观察、阅读、想象、创造、表达等作文结构能力的协调发展和全面提高。阅读能力的培养和训练是作文成功的最近通道。阅读能力是指中小学生积极涉猎书海，不断接受文化熏陶，主动培养审美情趣，为作文大量储备知识的能力。只有提高中小学生的阅读能力，才能使他们积累大量的写作素材。如果没有课外大量的读、背做基础而空谈提高写作水平，无异于缘木求鱼。一些家长为了能够提高中小学生的写作水平，为他们购买大量的《作文辅导》《优秀作文选集》等，一些老师也在为学生提供写应试作文的模式，或者只在学生的写作方法、技巧上做文章，这样实际上限制了学生的写作空间，也导致了学生作文的千篇一律和"八股化"。这种缺乏阅读积累和真情实感的"八股作文"，对于中小学生文学素养的提高有害无益。对此，教育专家不无担忧地指出："作文被设定为各种模式，学生们就会比着框框画鸭蛋。……老师甚至为孩子们总结出了一种万能的模式，随便写什么文章都可以套用。"试问，如此不去做阅读的积累，又怎么能提高中小学生的写作水平？

阅读助推中小学生语言表达能力的提高

一些中小学生作文时或没有材料可写，或表情达意不够流畅、准确、生动，这归根到底是由于没有丰富的语言经验。俄国大文豪列夫·托尔斯泰说过："文章的思想仅仅正确是不够的，还应当善于把这些思想表达得使大家都能明白。"而通过大量的课外阅读，可以提高中小学生的语言能力，增强中小学生的语感。学生在进行课外阅读时，会在不知不觉中掌握了最基本的文字符号，积累了大量的词汇，而积累语言材料是语言发展的基础。语言能力可以说是作文能力的重要组成部分。在写作过程中，语言能力较低的学生通常言不达意，想要说的意思或内容难以表达出来或是表达不准确，甚至表达错误，写出来的文章必然是呆板、灵气全无的。这种现象，其实就是中小学生语言能力低的表现。而通过阅读——如坚持多读一些古今中外名著，那些名家的精彩、生动的语句对学生的语言表达、语感的培养实在是大有益处的。

生活是文学创作的唯一源泉？

在文学创作中，一直强调"生活是文学创作的唯一源泉"。实际上，阅读同样是文学创作的重要源泉之一。著名散文家朱自清先生曾经说过："写作的训练，还是要从阅读说起。虽然文章不等于生活，是'流'不是'源'，但同样可以影响写作。"一些中小学教师在作文教学中，只强调"生活"对写作的作用，而忽视了"阅读"对于写作的作用。其实，阅读应该是提高中小学生写作能力的一个重要甚至是主要的途径，它对培养中小学生的写作能力、提高写作水平有着极为重要的作用。

任何文学作品都是生活的直接或间接的反映，中小学生的作文也应该是生活的反映。但由于中小学生这一群体具有其特殊性，他们的学习甚至生活的主要阵地都在学校，他们的主要任务是通过课堂学习掌握知识和技能。因此，他们不可能像作家一样长期投身于生活的海洋中去，不可能与社会生活有密切的接触，也不可能去做社会生活的主人。所以，要想提高中小学生的写作水平，就必须让他们在课外阅读上多下工夫。因为中小学生通过阅读所了解、掌握的书本的内容，也是一种生活，甚至是一种更广阔的生活。这种"生活"大多是经过艺术加工的，至少是经过作者精心锤炼过的，古今中外的生活都可以得到反映。通过阅读，中小学生可以跨越时空，体验自己本来不可能亲身经历的事情。这样，就可以弥补他们接触社会生活的不足，对作文所需要的"生活"有了一定的认识——间接地从书本上了解了生活现实，为他们的写作提供了所需的材料；同样，阅读多了，积累也就丰富了，从而解决了中小学生中普遍存在的"不知写什么"的问题。

四、从"阅读能手"到"学习健将"
——阅读有助于培养中小学生的综合学习能力

苏联著名教育家苏霍姆林斯基说："学会学习首先要学会阅读。"阅读对学生一生的成长起着基础性的作用，它不仅仅是获得一些愉悦、获得一些知识，还会培养学生的自主学习能力，对语言的理解、掌握、运用起着关键性的作用，不仅对于语文学习，包括数理化、自然科学的学习都要从阅读开始。

著名语言学家吕叔湘说："语文水平较好的学生你要问他的经验，异口同声说的是得益于课外阅读。"课外阅读是语文教学的课外拓展和延伸，是课外语文活动中最重要的内容，是课内阅读的继续与扩展，是阅读能力必不可少的重要组成部分。尽管课内阅读对提高中小学生的语文水平和获取知识经验所起的作用相当明显，但如果没有课外阅读的辅助，不管课内阅读的效率有多高，都不会收到明显的成效，甚至会造成事倍功半的效果。要训练和培养中小学生阅读的熟练技巧，形成较强的阅读能力，只有通过有计划的、大量的阅读，以及进行多种阅读方式的训练。课外阅读可以拓宽中小学生的视野，丰富他们的知识，使其具备较广阔的知识背景和认知能力。当新的学习内容呈现在面前时，经常进行课外阅读的学生就会比别的学生学得更好、学得更快。中小学生如果把广泛阅读积累的大量词汇和写作方法迁移并运用到自己的学习与写作中，语文能力就会得到很大程度的提高。

课外阅读不仅仅是语文学习的一种重要方法，也是中小学其他各科教学的一种有效外延拓展的重要途径。课外阅读不仅可以使学生开阔视野，增长知识，培养良好的阅读能力，还可以进一步巩固学生在课内学到的各种知识，并将自己从课外学到的知识融入到他们从课内书籍中所获得的知识中去，融会贯通，形成一种良性的循环，使知识更加牢固。这对于学生的认知水平的提高和其他学科的学习都起到了极好的促进作用。

广泛阅读是学习好各科的基础，它能促使学生获得优异的学习成绩。相关调查显示，学习成绩特别优异的中小学生，他们一般都读过很多书籍。其中，《十万个为什么》《少年百科丛书》《少年科学》等是他们普遍爱看的书。有的家长不让学生阅读课外读物，认为学生看课外读物是看着玩的，看多了会分散精力，影响学习，只要学生把课堂上所教的知识学好，考试成绩优良就行了。当然，中小学生首先要学好课堂上的各门课程，这是毫无疑义的，但是阅读课外书籍和学校的课堂教学是相辅相成的。有不少课外读物可以说是课堂教学必不可少的补充，如读一读《趣味数学》《物理在家中》等，学生看了这样的书，不但能激起他们的学习兴趣，还可以加深他们对课堂知识的理解。随着新的课程改革的全面进行，如今中考与高考各科试题中，都非常重视对考生的阅读能力的考查，阅读能力强的学生，中考和高考的成绩普遍较高。

历史上著名的科学家与艺术家，往往在中小学时代就大量阅读课外读物，从中偶然得到的感触或启迪而立下的志向，这对他们的一生发展产生了重大的影响。像达尔文、牛顿、居里夫人等，他们都是从小都非常热爱读书的，正是从阅读中积累的丰富知识，才铸就他们最后的辉煌。

居里夫人是世界著名的物理学家、化学家，她在科学实验中首先发现了两种天然放射性化学元素——镭和钋，为现代原子和核物理学的发展奠定了基础，也为医学上治疗凶恶的癌症开辟了广阔前景。因此，居里夫人被称为"镭的母亲"，曾经连续两次获得诺贝尔奖（第一次获得诺贝尔物理奖，第二次获得诺贝尔化学奖）。

居里夫人原名玛丽亚·斯克罗多夫斯卡，1867年出生在波兰华沙的一个知识分子家庭。父亲是位物理学教授，母亲是位卓有成就的钢琴家。玛丽亚10岁那年，母亲去世了，父亲又失去了教师职务，给这个有四姐妹的家庭带来了求学的困难。

玛丽亚从小就非常喜欢读书，而且特别专心，不管周围怎么吵闹，都分散不了她的注意力。有一天，玛丽亚正在读书。她姐姐和同学在她面前唱歌、跳舞、做游戏，她就像没看见一样，两只眼睛从没离开过书本。姐姐和同学想试探她一下。她们悄悄地在玛丽亚身后搭起几张凳子，只要玛丽亚一动，凳子就会倒下来。时间一分一秒地过去了，玛丽亚读完了一本书，凳子仍然竖在那儿。

少年的玛丽亚就是这样专心致志地读书的，所以从小学到中学她的学习成绩一直是名列前茅。高中毕业时，她还获得了一枚金质奖章。靠着勤奋学习和不懈努力，玛丽亚最终成为一位伟大的科学家。

五、用文学的黏土烧制品德的方砖

——阅读对中小学生品德的影响

有些人往往会有这样的疑问，阅读不就是看书、长知识吗，怎么会和品德的培养扯上关系？其实，阅读不仅仅是为了积累知识、能力，更为重要的是对人思想品德、情感节操的影响。中小学生在阅读的过程中，优秀作品中的崇高的思想、丰富的情感会在潜移默化中陶冶感染着他们。经常阅读优秀的作品就是和优秀的作品对话，可以提高智慧、完善心灵，与作者高尚情感之间产生共鸣。久而久之，那些美好的情感、积极的思想、高尚的情操、良好的品德就会进入中小学生的心田。

阅读还可以不断扩大中小学生的知识领域，培养他们优良的思维品质，增强其审美意识。要认识、发现社会环境中的美，就要能辨别是非真假美丑。阅读能让中小学生间接感受生活，树立起正确的人生观、价值观和科学的世界观，形成良好的心理素质。

当被问起阅读对中小学生思想品德的影响时，一位家长深有感触地说："我的孩子上小学五年级了。我从她很小的时候就开始陪她去图书馆，帮她选一些文学名著、经典童话、名人传记、科普读物等，有时候也会为她选一些有教育意义的生动的小故事。读了这些书以后，我问女儿有什么样的感想，女儿说：'这些书真好看，让我明白了许多道理，让我知道了如何做一个爱护环境、爱学习、知错能改、有志气、懂事、爱团结、有爱心、爱动脑、有责任心的好孩子。'听着女儿的话，我真是欣慰极了。是这些宝贵的书籍给她上了一堂生动的思想品德课。"

阅读对于塑造中小学生的思想品德具有非常重要的作用。一本好书就如同由这些黄金似的思想和珠玑似的字句堆砌而成的宝藏一样，其中闪耀的智慧和品德的光芒，是中小学生学习的良友和精神的食粮。苏联著名教育家苏霍姆林斯基指出："文学的最终目的，是形成人的内心世界——道德、修养和美。"他非常看重阅读对孩子自我发展、自我完善的作用。他提出中小学生不仅要在阅读中汲取知识，还要在阅读中完善自己的人格，发展良好的道德品质，通过阅读，让灵魂接受美的熏陶。

书中自有好榜样

苏联著名教育家苏霍姆林斯基在《给教师的建议》中指出："自己对自己谈话，诉诸自己的良心，这才是真正的自我教育。只有那些从人类的道德财富中给自己找到榜样的人，只有那些希望从这些财富中为自己的心灵汲取最宝贵的东西的人，才能达到思想和生活的崇高境界。我以为，只有当每一个青年都找到一本在他的一生中留下很深的痕迹的书时，才算达到了教育目的。"苏联著名作家高尔基也曾说过："读书，这个习以为常的平凡过程，实际上是人的心灵和上下古今一切民族的伟大智慧相结合的过程。"大多数中小学生都会在自己心中树立一个英雄形象或学习的榜样，而老师、科学家、军人、医生、工程师等这些崇高的职业人士往往会成为他们学习和模仿或崇拜和喜欢的对象。相当一部分学生是通过阅读各类书籍认识这些形象的。中小学生在阅读时会在潜意识中将自己的思想和行为与书中所描述的人物形象进行比较，无形中就提高了自身的思想意识和道德素质，并积极地履行到自身的思想及行为方式上。

名著国学打造方正品德

阅读中外文学名著和国学经典是对中小学生进行思想品德教育的

需要。中小学生阅读中外名著不仅可以开阔视野，丰富知识，而且可以净化心灵，陶冶情操，修身正己，提高思想觉悟。如阅读《钢铁是怎样炼成的》，可以帮助中小学生认识无产阶级的伟大使命，从小树立为共产主义奋斗终生的志向和决心。通过阅读名著，学生可以从中认识到什么是真善美，什么是假丑恶，其思想教育的作用和效果，是其他德育渠道很难达到的。

而国学经典对于中小学生思想品德的教育意义则更加明显。国学经典是我国历代先贤思想的结晶，它从道德修养、学习、处事、交友、生活等方面，引导中小学生培养好学善问、温厚宽容、崇德向善、慎言敏行、仁民爱物、见利思义、勇于改过、安贫乐道、严于律己、勤劳敬业、诚实守信、天下为公、团结友爱等优秀品质。

国学经典所代表的传统学问，更是具有极为厚重的伦理色彩，正所谓"学优者德厚，学浅者德薄"。中小学生学习国学经典的过程，不仅是增长知识的过程，而且是"把知识消化于生命，转化为生命所具有的德性"的过程，具有熏陶气质、变化性情、提高涵养的意义。国学经典教育不仅要培养具有非富知识的博学之士，更是要培养具有高尚品格的谦谦君子。由于中小学生的年龄特点，他们的人生观和价值观正在逐渐形成，对他们进行国学伦理教育，在他们的一生中有非常深远的意义。中小学生在这个阶段接触国学经典，会在他们幼小的心灵中产生润物无声、潜移默化的效果，可以培养他们仁义、敦厚和高尚的人格，开启他们未来创新思维的火花，从而奠定他们一生高远的智慧和优秀的人格基础。

国学经典所代表的传统文化是一种伟大的文化，这种伟大的文化能够造就伟大的人格。一个人愈是接受优秀文化的教化、先进文化的陶冶，他的生物属性就愈小，社会属性就愈大，其人格就愈高尚、愈伟大，愈是脱离庸俗鄙陋的习气，愈是能获得高尚的价值取向和行为取向。因此，应始终把我们的民族文化放在主流文化的地位，积极倡导中小学生课外大力阅读国学经典，它是培养学生爱国情感、民族情怀、热爱祖国的主阵地之一，时时处处应得到中小学生的重视和热爱，否则会影响学生对传统文化的认识、对祖国情感的培养，同时也会影响他们的发展。

六、多阅读塑造高情商
——阅读对中小学生心理发展的影响

情商究竟为何物？

"情商"作为近年来的流行词汇之一，已为很多人耳熟能详。但是对于它的真正含义，却很少有人能够说清。那么，究竟什么是情商呢？

"情商"（EQ）一词，是1991年由美国耶鲁大学心理学家彼得·塞拉维和新罕布什尔大学的琼·梅耶首创的。1995年，美国心理学家、《纽约时报》专栏作家丹尼尔·戈尔曼推出《情商》一书，一下子使"EQ"一词风行世界。这个词在中国有"情绪商数""情感智商""情感智慧""心理能力指数"等多种译法。情商是一个与智力和智商相对应的概念。它主要是指人在情绪、情感、意志、耐受挫折等方面的品质。

戈尔曼在《情商》一书中把"情商"概括为五个方面的能力：

第一，认识自我情绪的能力。情商高的人，能够正确地认识自我，在人与环境的相互作用中，及时调节自我，控制自我，驾驭自我，树立信心，战胜自我，成为生活的主宰。

第二，控制自我情绪的能力，包括疏解负面感受的方法。情商高的人，在成功面前不会得意忘形，在困难和挫折面前，善于自我调节、自我解脱、自我安慰，从而尽快摆脱恐惧、悲伤、焦虑的情绪。

第三，自我激励情绪的能力，包括自制力、专注力及逆境中的应变能力。情商高的人能够通过点滴的成功及时地进行自我激励，形成良性循环。

第四，了解他人情绪的能力，包括善解人意，以同情心去了解别人的感受，为他人着想。情商高的人善于体察别人的情绪，解读他人的情绪反应，这样才能在同伴中建立同心协力、共同合作的关系。

第五，处理人际关系的能力。人际关系的实质就是解读他人情绪的艺术，在追求融洽的人际关系的过程中，逐步具有识别控制、运用情感和社交的能力。

中小学生要高智商，更要高情商

高智商＋高情商＝成功的人生。智商是智力测验所得出来的结果（智力商数），用于反映智力、预测一个人的学业成就。情商则用于衡量情感智商的高低。通过情商能有效预测一个人能否取得职业成功或生活能力，能有效预测个体的社会适应性。21世纪是一个充满机遇与挑战的世纪。在充满激烈竞争的社会生活中，在复杂的人际关系中，单纯的知识和智力已无法撑起成功的大厦，而良好的情商可以调适情感，改善人际关系，创建和谐的新世界，使知识才华在社会中结出硕果。

传统的"人才"观念基于智力而产生，智商高的人就是人才、是天才，因而误导出只有高智商的人才具有培养价值，才会对社会作出贡献的人才单一论。然而事实有力地证明，智商高的人并不一定在事业或生活上获得成功；而有些智商平平的人却能够在洞察自己和他人心理的前提下与周围所有的人愉快相处，并由此获得事业与生活的成功。造成这种情况的原因主要是情商的高低。在现代企业的人才招聘和考核中，情商越来越受到重视。人们的人才观念在变，而为社会培养人才的教育也必须适应这种变化。

21世纪的国际竞争主要是综合国力的竞争、人才的竞争。教育必须实现由"应试教育"向"素质教育"的转变，重视对中小学生情商的培养，即对其品格、志向、情感、个性等心理素质的全面疏导，使其具有适应社会变迁的能力、创新能力、开展人际交往和合作的能力。

多阅读打造高情商

怎样培养中小学生的情商一直是一个让老师和家长头疼的问题。其实，有一种非常简单的方法，那就是让中小学生多阅读。

读书有益于心理健康。现代医学研究表明，常见疾病大多与心理因素有关，许多疾病可通过心理治疗不药自愈或早愈，许多疾病又会在心理状况不佳时乘虚而入或进一步恶化。其原因不难理解：情绪不好、心理失衡，会影响植物神经和内分泌系统。清代著名戏曲家李渔以"生无他癖，性好读书。忧借以消，怒借以释，牢骚不平之所借以铲除"赞美读书。可见，读书能给人的心理注入健康因子，给生命增添旺盛的活力，促进身心健康。

苏联著名作家高尔基说："要热爱书，它会使你的生活轻松；它会友爱地来帮助你了解复杂的思想、情感和事件；它会教导你尊重别人和你自己；它以热爱世界、热爱人类的情感来鼓舞智慧和心灵。"一个人的情感发育史，有时就是一部阅读史。一个人如果没有被书中的人物、故事所感动过，那么他的情感发育就有问题。没有阅读，就没有丰厚的人生和充沛的情感；而情感的发育完善，则是建构人的德性，发展健全人格的重要基础。

谈起阅读对于自身情商培养的作用时，一名小学五年级的同学是这样说的："课外阅读使我得到教育，从中明白了一些做人的道理。"另一名八年级的同学则说："看书让我知道只有敢于冒险，运用智慧，社会才能有进步。"一位多年从事初中教育的老师说："现在孩子通过读书，理解分析问题的能力都有很大提高，而且在处理同学之间关系、解决困难等方面也显得很成熟。"

通常有人认为书读多了容易成为"书呆子"，但这主要是他们读死书的结果。其实，阅读是培养情商最好的载体。因为阅读材料不仅具有丰富性，而且是一种可供传播的精神外化物。这意味着读物虽然以人类精神产品的形式表现，但它以社会、自然、思维为产生的基础，同时也包含以上内容，是人们认识世界的窗口。其内容的现实性、材料的丰富性、语言的审美性，无疑为中小学生提供了很好的培养情商的契机。苏联教育家苏霍姆林斯基曾指出："一个人在少年时期和青年早期读过哪些书，书籍对他意味着什么，这一点决定着他的精神丰富性，决定着他对生活目的的认识和体验。这一点也决定着青年人的观点和情感的形成，决定着他对自己的义务的态度。……如果一个人没有在童年时期就体验过面对书籍进行深思的激动人心的欢乐，那就很难设想会有完美的教育。他在十四五岁的年纪，就应当在自己灵魂深处有一份丰富的精神宝藏——这就是他通宵达旦地读过一二百本书。"鼓励中小学生多阅读，就是让他们进入纯洁、美妙的图书世界。生活在图书的天堂之中，中小学生就会其乐无穷，这对他们有着心理保健与调适的作用。

在阅读过程中，中小学生可以和古今中外的英雄豪杰亲切攀谈，欣赏他们的音容笑貌，也可以与科学家、艺术家促膝而坐，娓娓倾谈，倾诉心中的挫折。阅读使中小学生的生活变得丰富多彩，乐趣横生，充实而愉快，从而促进他们的心理健康。特别是正当青春期的学生，经常坐立不安，多有无名的烦恼，感到生活百无聊赖，在学校学习单调无味。这时能够阅读一些好书，沉浸在五彩缤纷的书的世界里，他们就会感到人生丰富、充实、美好。在这样的条件下，才能保证中小学生的心理健康发展。

不同种类的书籍对中小学生情商培养的作用

英国著名作家培根在随笔《论求知》中有这样的经典阐述："读史使人明智，读诗使人聪慧，演算使人精密，哲理使人深刻，伦理学使人有修养，逻辑修辞使人善辩。总之，知识能塑造人的性格。"不同种类的书籍对培养中小学生的情商具有不同的作用，因此应该扩大中小学生的课外阅读面，这样可以使他们的个性健康、顺利地发展。

1. 人生与哲学类图书

这一类图书能够让中小学生明白，谦虚的态度易于被老师、同学所接纳，易于得到别人的指点以及帮助，从而使自己进步得更快。学会低头，并且还要学会自查，自己的水平高到什么程度，自己的能力有多大，自己有什么长处和短处，都要了解得清清楚楚。道家学派的创始人老子说："知人者智，自知者明"，一个人首先要正确地看待自己，然后才会正确地看待别人和所有的事物，特别需要反观自己，查找不足，这样才能戒除妄自尊大、骄傲自满的毛病，也才能朝着既定的目标积极进取，永远都不停留，一直达到成功。

2. 求知与惜时类图书

这主要是一些名言警句和格言方面的图书，一句精彩的格言，可以催人奋进；一段睿智的话语，可以涤荡心灵。格言是人类智慧的精华，是历代名人志士人生经验的总结，也是他们对后人的真诚告诫。书本里面的每条格言都蕴涵着深刻的人生哲理，妙语珠玑，给人启迪，让人思考，催人奋进，是青少年学习、成长的良师益友。

3. 友谊与爱情类图书

这类图书让中小学生清楚地知道：对某个男孩或女孩的好感并不等于书上常说的爱情。爱情是指经济独立、人格成熟的两个异性经过一段时间的交往，彼此有了深入的了解，从而建立起来的持久的亲密关系。而青春期的少男少女的人格还不成熟，性情尚不稳定；由于生活阅历有限，对人对己的认识还比较肤浅；再加上终生职业尚未确定，他们很可能不了解自己未来的生活方式，当然也就不知道自己未来需要什么样的人做伴侣。因此，将朦胧的好感当做爱情的萌发，现在就匆匆忙忙地与某个特定的异性建立深厚的个人关系，就好比是冒险地踏进一片虽长着奇花异草，同时也暗藏陷阱的森林。这类图书还让中小学生知道，青春期的自己与异性交往的目的，主要不是寻找恋爱伴侣（那是二十几岁以后的课题），而是为了了解异性，学会与异性相处，并在这个过程中，培养友谊，发展自己。来自异性的认可会给他们作为男性或女性的信心，从而缓解学习压力和青春发育带来的心理不适。就像心灵上突然打开了一扇窗子，他们还会在与异性的交往中感受到学习和生活的乐趣和意义。

4. 行为与品德类图书

读了这类书，会让中小学生珍视德行，加强自身道德修养，自尊自爱，促使他们常常自我审视，如同心中有一杆道德的秤，就能检视自己，衡量人生。引导中小学生从小事做起，培养良好的习惯。很多人往往会认为，一个人思想品德的好与坏，平时不容易反映出来，而在关键时刻能够考验人的思想品德。其实，平时的一点一滴是能够反映出一个人的思想品德的，只是不被人们注意罢了。好的品德的养成，一方面靠思想教育，另一方面靠平时的习惯养成。

5. 社交与处世类图书

这类图书让中小学生知道每天进步一点点，用自信添加成功的资本，永不满足自己的战绩，执著于自己的目标，注重细节成大事，敢为天下先，善与人合作，坚毅刚强才能成大事，要有背水一战的坚韧意志，从跌倒的地方站起来飞扬，改变心态就能改变命运，别说自己没有机会，以达观的态度面对挫败，认识自己，定位自己。

6. 命运与事业类图书

中小学生的世界观、人生观、价值观及其生理、心理都处在尚未成熟的阶段，对腐朽没落的丑恶社会现象缺乏分辨能力，最容易上当受骗，误入歧途，形成人们难以想象、难以接受的思想和行为方式。而此类图书能消除腐朽低级的思想对中小学生的毒害，坚定他们的信仰，使他们树立为共产主义事业而奋斗的雄心壮志。

七、读书让你拥有一双发现美的眼睛
——阅读有助于提升中小学生的审美能力

法国著名雕塑家罗丹曾说："生活中并不缺少美，而是缺少发现美的眼睛。"对于中小学生来说，培养审美能力，最好从阅读开始，多读文质兼美的优秀作品。

阅读能培养中小学生的审美感知力

虽说人类具有爱美的天性，但一个人与生俱来的审美意识存在着模糊性和朦胧性，审美能力的培养和提高更重要的是靠后天的学习和实践。而培养中小学生的审美能力的一个重要途径就是让他们大量阅读古今中外的文学名著。文学名著都经过历史的考验，才成为人们公认的具有审美价值的精神财富，它们无不是作者"情动于衷"的呕心沥血之作，生活美、自然美、社会美、艺术美等无不见诸其中。经常性地阅读名著可以使中小学生凭借个人的经验，通过感知、想象、理解和投射，自觉地去发现美、感受美、学习美、领悟美和创造美，从而丰富审美情感，提升审美感知能力。

中小学生在阅读时，总是想知道什么是真的，什么是假的；什么是善的，什么是恶的；什么是美的，什么是丑的。而一切文学作品，不管它们的作者有意还是无意，总是要通过艺术形象的展示，来对这些问题作出自己的回答。当然，这其中有正确的回答，也有错误的回答。作品告诉阅读者什么是真、善、美，什么是假、丑、恶，这也就在不同程度上提高了中小学生的审美感知力。

阅读能培养中小学生的审美想象力

审美想象力是将头脑中已有的表象进行加工、改造，组合成能产生审美感受的新表象的能力。想象对于审美非常重要，英国批评家艾狄生曾说："一个人如果想真正能鉴赏一部作品，并能给予恰当的评价，他就得天生有很好的想象力。"因为文学有着超越文字表面的丰富的意象世界，如果不能领悟文章深层次的意境，就无法感受到其中的审美价值。一部部文学作品其实就是一个个具体而微化、人化的自然，就是一个个森罗万象、神秘多元的世界，这也是美的根本源泉。中小学生走向这个美的世界就是从阅读开始的。他们从一个个抽象的文字符号出发，凭着他人的描述，透过意象，通过想象，使那些见所未见、闻所未闻的形象鲜活起来。这种审美想象力越丰富，他们对审美对象的认识与把握就越具体，对审美对象的再造就越真实。

鲨鱼飞速地逼近船梢，它袭击那鱼的时候，老人看见它张开了嘴，看见它那双奇异的眼睛，它咬住鱼尾巴上面一点儿的地方，牙齿咬得嘎吱嘎吱地响。鲨鱼的头露出在水面上，背部正在出水，老人听见那条大鱼的皮肉被撕裂的声音，这时候，他用鱼叉朝下

猛地扎进鲨鱼的脑袋，正扎在它两眼之间的那条线和从鼻子笔直通到脑后的那条线的交叉点上。这两条线实在是并不存在的。只有那沉重、尖锐的蓝色脑袋，两只大眼睛和那嘎吱作响、吞噬一切的突出的两颚。可是那儿正是脑子的所在，老人直朝它扎去。他使出全身的力气，用糊着鲜血的双手，把一支好鱼叉向它扎去。他扎它，并不抱着希望，但是带着决心和十足的恶意。鲨鱼翻了个身，老人看出它眼睛里已经没有生气了，跟着它又翻了个身，自行缠上了两道绳子。老人知道这鲨鱼快死了，但它还是不肯认输。它这时肚皮朝上，尾巴扑打着，两颚嘎吱作响，像一条快艇般划过水面。它的尾巴把水拍打得泛出白色，四分之三的身体露出在水面上，这时绳子给绷紧了，抖了一下，啪地断了。鲨鱼在水面上静静地躺了片刻，老人紧盯着它。然后它慢慢地沉下去了。

……

两条鲨鱼一起紧逼过来，他一看到离他较近的那条张开嘴直咬进那鱼的银色胁腹，就高高举起棍子，重重地打下去，砰的一声打在鲨鱼宽阔的头顶上。棍子落下去，他觉得好像打在坚韧的橡胶上。但他也感觉到坚硬的骨头，他就趁鲨鱼从那鱼身上朝下溜的当儿，再重重地朝它鼻尖上打了一下。另一条鲨鱼刚才窜来后就走了，这时又张大了嘴扑上来。它直撞在鱼身上，闭上两颚，老人看见一块块白色的鱼肉从它嘴角漏出来。他抡起棍子朝它打去，只打中了头部，鲨鱼朝他看看，把咬在嘴里的肉一口撕下了。老人趁它溜开去把肉咽下时，又抡起棍子朝它打下去，只打中了那厚实而坚韧的橡胶般的地方。

这是美国著名作家海明威的《老人与海》中的一个片段。这样一个个惊心动魄的搏斗场面，可以使人产生一种心灵的震撼：人类在跟强大势力搏斗时，具有非凡的毅力、坚韧的斗志和无与伦比的力量。这样的美，只有在经过对一系列的意象进行透视后才能感受到。阅读这样的作品，对于培养中小学生的审美想象力是很有好处的。

阅读有助于培养中小学生的审美鉴赏力

儿童文学作家秦文君认为，"最好的素质就是让孩子懂得鉴赏"。审美鉴赏力是指在理性的层面上，对审美对象的意蕴和外在形式进行鉴别、批评的能力。它除了可以从作品中的形象、意象上进行训练外，还需要对作品中的人物进行性格剖析和价值判断。

文学作品是"人性、社会性与大自然的调和"，又是"主体内在精神和独特个性的自由显现，是生命力、创造力的文字外化"。对文学作品的解读，就是通过对作品中的人物、事物、内容的分析，使读者在对作品体验的基础上，由情入理，借助语言感知形象，产生审美效应，把审美感受上升到审美意识上来，以此提高审美能力。文学作品的美包含着人们对生活的真实感受和情感，如人与人之间的亲情、友情和爱情。从作品中人物的身上，中小学生能够清楚地感受到人世间的离愁别怨、爱恨情仇，这些形象无不洋溢着人情和人性的光芒，无不给人以深深的启迪和顿悟。中小学生在阅读这些作品的过程中，能够潜移默化地使自己的心灵得到净化，使自己的人格得到升华。

即使是悲剧人物和丑恶形象，也同样有着很高的审美价值。对于悲剧人物，如可怜的窦娥、不幸的祥林嫂、隐忍的鲁侍萍、绝望的安娜·卡列尼娜、悲惨的芳汀等，作家有意将这些人物身上"有价值的东西毁灭给人看"。中小学生在阅读中，通过挖掘这些人物的悲剧实质，可以促使他们形成正确的价值观和正直善良的品质，激发他们同情友善的审美情感，同时，还使他们学会理性分析现实，探究悲剧产生的社会根源，从而提高审美情趣。

对于像《儒林外史》中的严贡生、《祝福》中的鲁四老爷、《人间喜剧》中的葛朗台、《装在套子里的人》中的别里科夫等，都是集百丑于一身的"至丑"。作家正是通过对丑的赤裸裸的暴露和鞭挞，曲折地反映出自己的审美理想。中小学生在阅读这些作品的过程中，可以深入分析作品中的丑行，剖析这些人物形象肮脏的灵魂，以此培养批判与憎恶的情感，通过"审丑"达到"审美"的目的。

阅读有助于培养中小学生的审美创造力

德国著名诗人、剧作家席勒在《美育书简》中指出："在力量的王国中，人与人以力相遇，因而人的活动受到限制；在伦理的王国中，人与人以法律相对峙，人仍要受到限制；只有在审美的王国中，人可通过自由去给予自由，因而会给社会带来和谐，也使人成为和谐的整体。"这从一个侧面揭示了审美与创造的内在机制，也就是说，通过审美，解放了人的感性，激发了人的灵性，开拓了人想象的空间，从而开发了人的审美创造力。

古今中外的文学作品中，有"捐躯赴国难，视死忽如归"的无畏精神，有"以爱己之心爱人，则尽仁"的仁爱之道，有"礼之用，和为贵"的宽容之心，有"积善成德，而神明自得，圣心备焉"的善心德行，有"富贵不能淫，贫贱不能移，威武不能屈"的气节操守，有"先天下之忧而忧，后天下之乐而乐"的博大胸襟，有"将整个生命和全部精力都已献给了世界上最壮丽的事业"的信仰追求……这些载入史册的人文精神在当今时代仍值得继承和发扬。当审美情趣上升到对时代文明的认同时，"关爱他人，乐于奉献"的公德意识、"开拓创新，勇于拼搏"的进取精神、"爱我家乡，兴我中华"的爱国情怀等，这些放射着理性审美光芒的主题，将会在中小学生的笔下、身上得到演绎和光大。

第二章　如何培养中小学生的阅读兴趣

一、引童话的泉水浇灌孩子心中文学的麦田
——用童话故事激发中小学生的阅读兴趣

童话是文学体裁中的一种，主要面向少年儿童，是具有浓厚幻想色彩的虚构故事作品，通过丰富的想象、幻想、夸张、象征的手段来塑造形象，反映生活。童话的语言通俗生动，故事情节往往离奇曲折，引人入胜。在童话作品中，天地日月、风云雷电、山川鸟兽、花草虫鱼，都可以被赋予人的性格、人的思想感情，并以鲜明的形象和独特的个性活跃在幻想生活的舞台上。童话的故事情节神奇曲折，生动浅显，富于趣味性和形象性。主人公都是善良的人，通常需要经过艰苦的历程，才能完成任务，得到美好的结局。在他们困难的时候又常常得到善良的仙子、精灵或小动物的帮助。童话要求用接近少年儿童的口吻、心理、情趣和充满智慧的幻想去虚构饶有趣味的故事，把幻想和现实巧妙地结合起来，反映社会生活。童话世界是瑰丽的，它是少年儿童十分喜欢的一种文体。正如有专家提出的那样："童话是儿童与大自然的对话，童话是儿童与自己的对话。"

中小学生的阅读兴趣从童话开始

孔子说："知之者不如好之者，好之者不如乐之者。"美国教育家布鲁纳也说："最好的学习动机莫过于学生对所学材料本身具有内在的兴趣。"兴趣是最好的老师，只有让中小学生对阅读产生兴趣，才能收到好的阅读效果。而利用童话的魔力来吸引中小学生的阅读眼球，不失为一种好的办法。

有学者认为："语文教学对儿童来说，必须从童话开始。因为，童话的世界和儿童的精神有一种天然的契合。"尤其是对于小学低年级的学生来说，童话是打开他们阅读兴趣大门的一把"金钥匙"。面对品种繁多的课外书，低年级的学生往往缺乏鉴赏、选择的能力。而童话正是以其独特的魅力吸引了低年级学生，受到他们的广泛喜爱。童话所具有的特点与低年级学生的阅读心理和阅读水平非常契合。小学低年级这一时期被称为"幻想童话时期"，这一时期的学生倾向于阅读充满想象力的童话故事、幻想性题材的故事，喜欢幽默、意外的故事结局，他们的认知水平、接受能力却又都有限，而童话不仅本身就很有趣，能一下子吸引他们的眼球，而且语言浅显易懂，让低年级的学生读起来轻松愉快，没有负担。与童话"交友"，会让低年级的学生对阅读产生浓厚的兴趣，爱上阅读，而这种阅读兴趣对于他们的"终身阅读"来说，意义重大。

阅读童话对于中小学生的好处

著名童话作家郑渊洁说："希望童话能使孩子们快活，能驱除他们身上的老气，还希望他们有个性，有幽默感，想象力丰富。读童话的孩子，受到美和善的熏陶，将拥有更加良好的性格，拥有更美好、深刻的感情。"阅读童话对于中小学生的好处是多方面的。

第一，童话有助于提高中小学生的语言表达能力。童话的语言活泼、简练、流畅、通俗易懂，句式表达丰富，是不同民族语言的精华，集语言、心理、环境等描写于一体，语言的作用发挥得淋漓尽致。这些都会成为中小学生学习语言的好教材。童话语言浅近、口语化，但并不等于平庸、苍白，而是经过艺术提炼的，既通俗、明白、晓畅而又有艺术的美感，这对于中小学生写作文也有很大的帮助。

第二，童话有助于丰富中小学生的想象力。童话的基本特征是幻想，而且是最丰富、最自由的幻想，因而童话是激发儿童想象力的最好的文学样式。童话作品能把中小学生带入一个神奇而诱人的世界。童话中的环境描写最具特色，随着故事情节的变化，高山、树林、小溪等空间变化频繁，不同的环境在中小学生的大脑中形成不同的画面，使他们把自身融入故事情节中，去感悟、去体会，在潜移默化中丰富他们的想象力。可以说，童话是培养中小学生想象力的最佳材料。

第三，童话可以培养中小学生的情商。情商是一个人获得成功的基础条件，是人生决胜的关键，而童话具有很明显的培养中小学生情商的作用。童话把现实中复杂的问题单纯化、深奥的问题浅显化、严肃的问题轻松化，让一些抽象的道理和道德观念自然地潜入中小学生的思想之中；而且童话往往有完美的结局，能够增强中小学生的信心，激发他们对现实世界的憧憬和向往，对他们认识世界起到了很好的正面引导作用。如读《卖火柴的小女孩》，让中小学生有同情心，珍惜美好生活；读《皇帝的新装》，则让中小学生明白要相信自己，同时要做诚实的人。在童话中，中小学生能学到好与坏、真与假、善与恶、同情与反感等，可以培养他们的道德判断力与价值观，丰富他们的情感。童话是以一种中小学生可以接受的方式描绘了世界上一切情感：爱与恨、情和仇、喜和悲、乐与苦、敬与畏等等。中小学生在欣赏和感悟童话时获得的情感体验丰富了他们的生活体验，在肯定或否定的心理反应中，他们体会到了喜欢、愤怒、悲伤、爱慕、厌恶、赞赏等情感体验。这些体验的获得，对中小学生的个性发展和适应社会的能力也是很有好处的。中小学生在阅读童话的过程中，会进入光怪陆离的童话幻境，体验在现实生活中未曾体验的过程，同时还可以从童话作家独具特色的审美个性中体会粗犷的美、幽默的美、抒情的美以及喜剧美、悲剧美……中小学生在阅读童话的过程中会使他们的心灵日渐丰富，审美品位不断提升，情商水平日益提高。

童话不是小孩子的专利

一提起童话，一些初中或者高中的同学往往会说，"那是哄小孩子的玩意儿，太'小儿科'了!"其实并非如此，童话不仅对于学龄前儿童、小学生来说非常重要，对于初中生、高中生，甚至成年人来说，都是宝贵的精神营养。著名作家毕淑敏说过："童书带给我一种回家的感觉，它是一首心灵的摇篮曲。我现在还常常看童话，在我的书房里，《格林童话》和《安徒生童话》就摆在手边，我经常拿出来翻一翻。这些书都是我小时候最喜欢读的童话，每次阅读，都有一种回家的感觉。成年人的世界充满了很多波折，情绪也常常在喜悦和悲伤当中波动，但童话总是让你觉得安宁、美好、纯净。"很多童话在通俗浅显的语言和生动离奇的故事情节中，包含着深刻的哲理意义，对于中学生甚至是成人，都有很好的教育意义。比如由美国作家斯宾塞·约翰逊创作的《谁动了我的奶酪》，这部童话告诉我们：未来是一座充满变化的迷宫，我们该如何才能找到属于自己的"奶酪"？它将教会我们：挑战自己内心的惰性，积极迎接学习与生活中的变化。

世界著名童话集

1.《安徒生童话》

丹麦著名童话作家安徒生作为"世界文学童话创始人",通过自己天才的智慧和高超的写作手法,一生坚持不懈地进行创作,共写了168篇童话故事。他的作品被译成80多种语言,在世界各地广为流传。代表作品包括《丑小鸭》《海的女儿》《卖火柴的小女孩》《皇帝的新装》等。

2.《格林童话》

这部童话集产生于19世纪初,是由德国著名语言学家雅格·格林和威廉·格林兄弟收集、整理、加工完成的德国民间文学。它是世界童话的经典之作,自问世以来,在世界各地影响十分广泛。格林兄弟以其丰富的想象、优美的语言给孩子们讲述了一个个神奇而又浪漫的童话故事。它包括200多篇童话和600多篇故事,其中的代表作品包括:《青蛙王子》《灰姑娘》《白雪公主》《小红帽》《睡美人》《渔夫和他的妻子》等。

3.《一千零一夜》

《一千零一夜》是著名的古代民间故事集,是劳动人民集体创作的。它在西方被称为《阿拉伯之夜》,在中国却有一个独特的称呼——《天方夜谭》。关于这本书,还有一个古老的传说。相传古代印度与中国之间有一个萨桑国,国王山鲁亚尔生性残暴嫉妒,因王后行为不端,将其杀死,此后每天娶一名少女,第二天早上就将其杀掉,以示报复。宰相的女儿为拯救无辜的女子,自愿嫁给国王,用讲述故事的方法吸引国王。她总是在每天晚上讲到最精彩处,天刚好亮了,使国王想听下去,便不忍杀她,允许她第二天晚上继续讲。她的故事一直讲了一千零一夜，国王终于被感动，与她白头偕老。这部书中包含243个故事，其中有代表性的包括：《渔翁的故事》《阿里巴巴和四十大盗》《航海家辛巴达的故事》等。

二、打造孩子们的伟人梦想
——名人传记让中小学生重走伟大人物的成功历程

　　小浩是某小学五年级的学生。和班上的其他同学比起来，他显得有些与众不同。小浩非常懂事和宽容，做事认真，善于思考。在其他同学常常打打闹闹、互相争吵的时候，他不仅能够和同学们友好相处，还懂得关心别人，经常主动帮助同学，赢得了同学们和老师的信任。那么，究竟是什么原因让他变得如此与众不同呢？小浩说："是阅读人物传记改变了我。"小浩的家里有一个大书架，上边摆满了各种书籍，其中有很多古今中外的人物传记。小浩平时最喜欢事情就是看书，尤其是人物传记。他说："在读这些人物传记时，我就像在和书中这些伟大的人物谈话，和他们一起走过那一段段坎坷而灿烂的奋斗历程，从他们身上汲取了很多优秀的品质。"

　　在谈起自己喜欢的人物传记时，某中学八年级的小敏说："我很喜欢梵高的《向日葵》，可是对梵高本人却没有更多的了解。在寒假里，我跑了许多趟图书馆、书店看有关梵高的书，也买了梵高的自传、作品集。正是读了这些书，才让我更加喜欢《向日葵》，同时也认识了梵高。在班里举行的读书报告会上，我以'那个不被爱的人——梵高'为题与同学们分享了自己对这位伟大艺术家的认识。读名人传记不仅让我增加了见识，更重要的是，我从这些名人身上学到了一种执著的精神。"

　　德国著名诗人、剧作家歌德曾说："读一本好书，就是在和一个高尚的人谈话。"而读名人传记，就是追寻名人成长的足迹，感悟名人成才的真谛。名人传记是对名人的生平事迹、精神品质等进行介绍和叙述的文学作品，它的表达方式是以记叙为主。近代著名学者梁启超对读传记是很支持的，他在《国学入门书要目及其读法》一书中曾指出："读名人传记，最能激发人志气，且于应事接物之智慧增长不少，古人所以贵读史者以此。"尤其对于处于学习积累阶段的中小学生来说，更应该多读一些传记作品，阅读这些传记作品是激发中小学生阅读兴趣的一种有效手段。

阅读人物传记对中小学生的好处

一部部名人传记如同饱含"精神钙质"的文学食粮，是中小学生必不可少的"阅读大餐"。法国著名作家罗曼·罗兰在《贝多芬传》的前言中指出："所以不幸的人啊！切勿过于怨叹，人类中最优秀的人物和我们同在，汲取他们的勇气做我们的养料吧！倘使我们太弱，就把我们的头枕在他们的膝上休息一会吧，他们会安慰我们！"中小学生在阅读人物传记时，就如同与名人进行一次心灵的对话甚至思想的交锋，所获得的益处是多方面的。在阅读名人传记的过程中，中小学生能够了解科学家、艺术家、政治家等名人怎样从一个普通人成长起来的轨迹，就等于聆听他们用自己的切身体会在讲述，往往能使人受到深刻的教育、感染和启迪。

第一，阅读名人传记，有助于为中小学生树立精神榜样。中小学生的心理特点决定了他们具有很强的好奇心和名人崇拜心理，因此在阅读名人传记的过程中，他们便很容易将传主作为自己的精神偶像。中小学生正处在人生的成长阶段，憧憬未来，塑造自己，这是他们共同的追求。自己在未来精神上、专业上应该成为怎么样的人？他们在心理上、思想上可能本来就存在这样的问题。而在阅读名人传记的过程中，他们可以把自己与传主对比联想。名人已经走过的人生道路，不论是成功的还是失败的，都有可能引起他们的思考，使他们获得借鉴和启示。"榜样的力量是无穷的。"中小学生在这些精神榜样的感召下，必然会努力学习，不断进步，这会为他们未来的发展打下良好的基础。

第二，阅读名人传记，有助于中小学生品格教育。现代著名学者胡适在一次谈自己读西方传记的感受时说："巴斯德是15世纪中法国的化学家。……这一个科学家的传记，使我这个外行人一直看到夜里三四点钟，使我掉下来的眼泪润湿了书页。我感觉到传记可以帮助人格的教育。"一部传记就是一部灵魂的历史。在漫长的历史长河中，既有推动历史向前发展的伟人，也有逆历史激流而动的罪人，他们在出身、地位、经历、思想、性格等方面都有着不同。只要这些人物在历史上起过一定作用，有过一定影响，就会在历史上留下他们的影子。为这些人作传的目的就是要抑恶扬善，"表彰以劝世道，贬斥以戒人心"。中小学生可以从这些传记中读到热爱祖国、不畏强暴、视死如归的崇高精神，同时也会看清奸臣逆子的卑劣与丑陋，从而提升自我的思想境界，培养明辨是非的能力。这对于中小学生的人格培养是非常重要的。同时，名人成功的历程会激发中小学生奋发向上的动力，勇敢面对前进道路上的困难和挫折。顾迈南著的《华罗庚传》，记叙华罗庚中学毕业后失学在家，自学数学的过程，体现了他顽强刻苦、独立思考、不屈不挠的精神。失学后的华罗庚并未屈从命运的安排，他一边站柜台，一边攻读数学，无论寒暑，每天坚持自学10个小时以上。就这样，他用了5年时间自学完高中三年和大学低年级的全部数学课程，为未来独立研究数论打下了坚实的、牢固的基础。《徐霞客游记》是明代著名旅行家、地理学家徐霞客写的游记，但有自传的价值。从他的人生追求看，他因不满明末的腐朽统治，毅然放弃仕途，从事野外旅游考察。他把出外旅游、科学考察作为一生的事业。徐霞客有三种精神最值得注意：他在人生目标上坚定不移的学术追求精神，学术追求上大胆的探险精神，探险实践上的耐苦乐观精神。这些名人传记，都对中小学生具有励志作用。名人传记在用无声的语言向中小学生传递着一个个信息：该如何学习、如何做人、如何生活等等。这种人格的教育，不是啰唆的说教，而是心灵的互相感应，而这种方式才更让中小学生乐于接受。

第三，阅读名人传记，有助于提高中小学生的写作水平。中小学生在读名人传记的同时也是在学习写作，汲取作者写人叙事方面的成功经验，提高自己的写作水平。在阅读名人传记的过程中，中小学生可以学习传记作者"其文直，其事核，不虚美，不隐恶"的写作态度，学习文学形象的刻画，还可以学习如何议论记事，"寓褒贬于记述之中"，以及文采辞藻上的工夫。如在被称为"史家之绝唱，无韵之离骚"的《史记》中，司马迁善于把人物的大事与小事结合，写出人物的鲜明个性。《史记》中有丰富的细节描写，也值得学习。同时，名人传记中还包含丰富的历史、文化、科学等方面的知识，在阅读中，能够扩大中小学生的知识面，这同样对中小学生的写作水平的提高有着很大的促进作用。

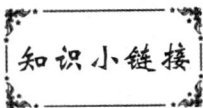

知识小链接

适合中小学生阅读的人物传记

1. ［法］罗曼·罗兰的《名人传》

《名人传》，又称《巨人三传》，是19世纪末20世纪初法国著名作家罗曼·罗兰创作的传记作品，它包括《贝多芬传》《米开朗琪罗传》《托尔斯泰传》三部传记。

传记中的三位传主一位是音乐家，一位是雕塑家兼画家，另一位是文学家。他们都是人类历史上极富天才而取得伟大成就的人物，他们的人生丰富多彩，他们的作品精深宏博，他们的影响历经世代而不衰。罗曼·罗兰紧紧把握住这三位在各自领域有着伟大成就的艺术家的共同之处，着力刻画他们在忧患困顿的人生征途上历经苦难而不改初衷的心路历程，凸现他们崇高的人格、博爱的情感和广阔的胸襟，从而为我们谱写了一部"英雄交响曲"。这部传记叙述了德国音乐家贝多芬、意大利画家和雕塑家米开朗琪罗、俄国作家列夫·托尔斯泰的苦难和坎坷的一生，赞美了他们的高尚品格和顽强奋斗的精神。贝多芬，他的音乐受到欢呼，他的苦难却几乎无人问津，在生命的末日写出了不朽的《欢乐颂》。米开朗琪罗，每从事一项工程，都必然遭到一批小人的嫉妒和怨恨，他同贝多芬一样终身未婚，没有能享受到真正的爱情。他直到临终前几天还整天站着制作塑像，终于留下传世杰作。列夫·托尔斯泰，要面对整个贵族上流社会，以至被教会开除教籍。他在生命的最后一刻，下定了摆脱贵族生活的决心。贝多芬、米开朗琪罗、列夫·托尔斯泰，这些被罗曼·罗兰尊为英雄的人，他们或受病痛的折磨，或由遭遇的悲惨，或因内心的惶惑矛盾，或三者交叠加于一身，深重的苦恼，几乎窒息了他们的呼吸，毁灭了他们的理智。他们所以能坚持走完自己艰苦的历程，全靠他们对人类的爱，对人类的信心。贝多芬用痛苦换来欢乐的音乐；米开朗琪罗以一生的心血奉献出震撼心灵的杰作；列夫·托尔斯泰始终关心万千生灵的伟大与渺小，借以传播爱的种子和宽容的理想。

贝多芬　　　　　　米开朗琪罗　　　　　列夫·托尔斯泰

著名翻译家傅雷说，"在阴霾遮蔽了整个天空的时候"，他从《名人传》中得到的启示是："唯有真实的苦难，才能驱除浪漫底克的幻想的苦难；唯有看到克服磨难的壮烈的悲剧，才能使我们更好地忍受残酷的命运；唯有抱着'我不入地狱谁入地狱'的精神，才能挽救一个萎靡而自私的民族……"

2. ［美］欧文·斯通的《梵高传》

荷兰印象派画家温森特·梵高，是 19 世纪人类最杰出的艺术家之一。他是表现主义的先驱，并深深影响了 20 世纪的绘画艺术，尤其是野兽派与德国表现主义。梵高的作品，如《星空》《向日葵》与《有乌鸦的麦田》等，现已跻身于全球最具知名度、广为人知与昂贵的艺术作品的行列。他热爱生活，但在生活中屡遭挫折，备尝艰辛。他献身艺术，大胆创新，在广泛学习前辈画家伦勃朗等人的基础上，吸收印象派画家在色彩方面的经验，并受到东方艺术，特别是日本版画的影响，形成了自己独特的艺术风格，创作了许多洋溢着生活激情、富于人道主义精神的作品，表现了他心中的苦闷、哀伤、同情和希望，至今饮誉世界。梵高是一位具有真正使命感的艺术家，他在谈到自己的创作时，对这种感情是这样总结的："为了它，我拿自己的生命去冒险；由于它，我的理智有一半崩溃了；不过这都没关系……"

《向日葵》

被誉为"传记小说之父"的美国当代著名作家欧文·斯通，在梵高还默默无闻的时候便写出了这部文学传记。欧文·斯通认为，最能打动读者的不是名人深厚的成就和辉煌，而是他们追求和探索的过程。这部作品自面世以来，梵高悲惨而成就辉煌的人生震撼了无数读者。这部作品也成为欧文·斯通的成名作，被译成80余种文字，发行数千万册，感动亿万读者。正如译者常涛女士所说的那样："是梵高那在人生的磨难中摆脱了传统的桎梏而化入永恒的美丽灵魂吸引了一代代读者，《梵高传》也许会因此而有幸成为一部可以传之久远的书。"

3.〔美〕海伦·凯勒的《假如给我三天光明》

海伦·凯勒（1880～1968），美国盲聋女作家、教育家、慈善家、社会活动家。海伦·凯勒刚出生19个月，就因为患上"猩红热"而成为盲聋哑的残疾人。后来，在安妮·沙莉文老师的耐心教育引导下，海伦·凯勒学会用顽强的毅力克服生理缺陷所造成的精神痛苦，心智得到了极大的开发，掌握了英、法、德等五国语言。20岁时，海伦·凯勒以优异的成绩考进了哈佛大学拉德克利夫学院，成为人类历史上第一位获得文学学士的盲聋哑人，并由此走向了成功的人生之路。

海伦·凯勒靠着自己不屈不挠的精神，创造了一个奇迹。她接受了生命残酷的挑战，用自己的爱去拥抱世界，以惊人的顽强毅力面对人生的困境，终于在黑暗中找到了属于自己的人生，属于自己的光明，最后又把慈爱的双手伸向全世界。她终生致力于救助残疾人的事业，建立了许多慈善机构。她还获得了"总统自由勋章"，这是美国公民的最高荣誉。海伦·凯勒去世时，《华盛顿邮报》评论说："她的一生不愧是我们这个时代最伟大的辉煌，她的逝世是整个世界的巨大损失。"美国著名作家马克·吐温这样评价道："19世纪有两个最值得关注的人，一个是拿破仑，另一个就是海伦·凯勒。"她还被美国《时代周刊》评选为"20世纪美国十大英雄偶像"之一。

《假如给我三天光明》是海伦·凯勒的散文代表作，她以身残志坚的视角，告诫身体健全的人们应珍惜生命，珍惜造物主赐予的一切。此外，本书中收录的《我的人生故事》是海伦·凯勒的一部自传性作品，被誉为"世界文学史上无与伦比的杰作"。

4.［法］艾夫·居里的《居里夫人传》

在世界科学史上，玛丽·居里是一个永远不朽的名字。她研究放射性现象，发现镭和钋两种天然放射性元素，被称为"镭的母亲""放射性元素的母亲"。她以自己的勤奋和天赋，一生共获得了10项奖金、16种奖章、107个名誉头衔，尤其是在物理和化学领域两次获得诺贝尔奖。但她对此却毫不在意。她本来可以躺在任何一项大奖或任何一个荣誉上尽情地享受，但是，她视名利如粪土，将奖金捐赠给科研事业和战争中的法国，而将那些奖章送给6岁的小女儿当玩具。有一天，她的一位朋友——爱因斯坦来她家做客，忽然看见她的小女儿正在玩英国皇家学会刚刚颁发给她的金质奖章，于是惊讶地说："夫人呀，得到一枚英国皇家学会的奖章，是极高的荣誉，你怎么能给孩子玩呢？"居里夫人笑了笑说："我是想让孩子从小就知道，荣誉就像玩具，只能玩玩而已，绝不能看得太重，否则就将一事无成。"她一如既往，埋头工作到67岁离开人世，离开心爱的实验室。直到她去世后40年，她用过的笔记本，还有射线在不停地释放。另外，作为杰出科学家，居里夫人有一般科学家所没有的社会影响。尤其是她作为成功女性的先驱，她的典范作用激

励了很多人。

居里夫人的好友著名科学家爱因斯坦在他写的《悼念玛丽·居里》中说："在像居里夫人这样一位崇高人物结束她的一生的时候，我们不能仅仅满足于只回忆她的工作成果和她对人类已经作出的贡献。第一流人物对于时代和历史进程的意义，在道德品质方面，也许比单纯的才智成就方面还要大，即使是后者，它们取决于品格的程度，也许超过通常所认为的那样。……我幸运地同居里夫人有20年崇高而真挚的友谊。我对她的人格的伟大愈来愈感到钦佩。她的坚强，她的意志的纯洁，她的律己之严，她的客观，她的公正不阿的判断——所有这一切都难得地集中在一个人身上。她在任何时候都意识到自己是社会的公仆，她的极端谦虚，永远不给自满留下任何余地。由于社会的严酷和不公平，她的心情总是抑郁的。这就使得她具有那严肃的外貌，很容易使那些不接近她的人发生误解——这是一种无法用任何艺术气质来解脱的少见的严肃性。一旦她认识到某一条道路是正确的，她就毫不妥协地并且极端顽强地坚持走下去。……居里夫人的品德力量和热忱，哪怕只要有一小部分存在于欧洲的知识分子中间，欧洲就会面临一个光明的未来。"

《居里夫人传》是居里夫人的女儿艾夫·居里为母亲写的一部传记，回顾了居里夫人这位影响过世界进程的伟大女性不平凡的一生，主要描述的是居里夫人的品质、工作精神和处事态度。作者在书中详细介绍了她的母亲除了在科学领域取得优异的成绩外，还用自己一生为人处世的崇高行为给女儿树立榜样，对女儿的教育也有许多独特的做法。读完这部书，相信居里夫人对困苦和灾难的忍耐和工作精神都会使中小学生奋发向上，她的处事态度更可以荡涤中小学生的心灵。

5. ［苏联］高尔基的《童年》

高尔基是苏联伟大的无产阶级作家，被列宁称为"无产阶级艺术最杰出的代表"。他出身贫穷，幼年丧父，11岁就开始为生计在社会上

奔波，当过装卸工、面包工人等。苦
难的生活经历并没有使他失去对生活
的希望，他在繁重劳动之余，勤奋自
学不息，掌握了欧洲古典文学、哲学
和自然科学等方面的知识。他24岁开
始发表作品，当时的署名为"马克西
姆·高尔基"，意为"最大的痛苦"。
他的代表作包括散文诗《海燕之歌》，
长篇小说《母亲》，自传体三部曲《童
年》《在人间》《我的大学》等。

　　《童年》是高尔基自传体三部曲中
的第一部，写的是他幼年时期从三岁至十岁这段时间的生活断面。

　　阿廖沙三岁时，失去了父亲，母亲瓦尔拉把他寄养在外祖父卡什
林家。外祖父年轻时是一个纤夫，后来开染坊。阿廖沙来到外祖父家
时，外祖父的家业已经开始衰落，脾气也变得愈加专横暴躁。阿廖沙
的两个舅舅为了分家和侵吞家产而不断地争吵、斗殴。在这个家庭里，
阿廖沙看到人与人之间弥漫着仇恨。

　　外祖父不喜欢阿廖沙，有一次，他还被外祖父打得失去了知觉，
并害了一场大病。阿廖沙的母亲由于不堪忍受这种生活，便丢下了他，
离开了这个家庭。

　　阿廖沙的外祖母为人善良公正，热爱生活，对阿廖沙影响最大。

　　后来，母亲回来了。但是，在生活的折磨下，母亲也变得脾气暴
躁，愁眉不展。之后母亲再婚，婚后还经常被丈夫打。由于母亲心境
不佳，阿廖沙在家中感觉不到爱和温暖。

　　由于和后父不合，阿廖沙又回到外祖父家中，这时，外祖父已经
全面破产，他们的生活也越来越困苦。为了糊口，阿廖沙放学后和其
他孩子合伙捡破烂卖。他以优异的成绩读完了三年级，之后就永远地

离开了学校课堂。

三、海底不只两万里
—— 让中小学生和科普读物一起开始探索之旅

现在上小学六年级的小健是一个"科普迷"，无论是书店的科普图书专柜，还是图书馆的科普图书架前，都经常会看到他的身影。在家中他自己的小房间里，摆满了各种各样的科普书籍，像《十万个为什么》《中国少年百科全书》《植物王国探秘》《世界未解之谜》等。这些书成了他课余时间的亲密朋友。在谈起科普书籍时，小健说："我从小就对科学知识感兴趣，科普书籍让我掌握了很多科学知识，了解了好多大自然的奥秘。有时候我还会按照科普书上的知识自己做小实验，或者去野外观察动植物。有一次为了观察蝉蜕皮的过程，我和爸爸在野外呆了整整一个晚上，虽然被蚊子叮了好多包，但是我还是很开心。"

探究意识是一个人与生俱来的本能。在人的灵魂深处，都有一种根深蒂固的需要，那就是希望自己是一个发现者、研究者、探索者，尤其是对于中小学生来说，他们正处于心智发展阶段和学习知识的黄金时期，有着强烈的好奇心和求知欲望，这种需要就更加明显。他们渴望了解宇宙的奥秘，对自然万物的运动规律有着强烈的好奇心。"太阳会熄灭吗？""为什么秋天有些树会落叶？""海市蜃楼是怎样产生的？"……中小学生带着这些问题，在科普书籍中去寻找答案，在科学的迷宫中探险。

科普读物往往融知识性、趣味性于一体，具有图文并茂的特点。同时，科普读物有它自己的艺术优势，它不仅有效地传递了科学知识，并且以温和而中性的语言为读者建立了一个充满趣味的文字空间，还使这个空间不失童心的魅力，这些都是一般的儿童文学作品所不具备的。科普读物的独特魅力，激发着中小学生的阅读兴趣，吸引着中小学生的阅读眼球。

科普读物也需精挑细选

第一，要根据中小学生的年龄来购买合适的科普读物。由于中小学生年龄跨度大，在识字量、理解能力上都存在差异。一般来说，小学低年级的学生由于识字量有限，可以选择阅读图文搭配的科普读物；小学中高年级的学生由于识字水平、理解力的提高，则可以选择以文为主的科普读物；初中的学生选择科普读物的面就可以更广一些。因此出版社在出版图书时，一般都会根据读者对象的不同层次，在文字深浅、图片多少、版面编排上做出不同的安排。如少年儿童出版社出版的"十万个为什么"系列图书，就根据年龄层次不同，发展出多种版本，分别提供给小学低年级、小学中年级和小学高年级以上阅读。

第二，要选择形式和内容合适的科普读物。科普图书的形式往往是抓住中小学生读者的第一要素，而内容则决定了这本书对中小学生有多少价值。有些家长在选择科普读物的过程中，为了让自己的孩子喜欢读书，则单从他们感兴趣的画面、形式入手，而忽略了书的内容和含量，结果造成书是读了，但真正的知识倒没有增长多少。而也有些家长，从经济角度考虑，认为那些文字密密麻麻的科普书带给孩子的东西多，所以也实惠得多，却没有顾及孩子的阅读心理。专家指出，在选择科普读物的时候，应关注那些在形式上和内容上都结合得比较好，画面漂亮，知识点丰富的书籍。

科普读物是中小学生的"科学知识加油站"

一些家长对科普读物并不太关注。一位家长说："孩子把学习搞好就行了，那些科普知识老师也会在课堂上教的。"有的家长甚至把科普读物归类于"闲书"，认为"那种书对孩子没有什么用"。事实上并非如此。21世纪是一个信息时代，科学技术的飞速发展需要的是具有创新思维的人才，而不是那些仅仅会记住课本知识的"好孩子"。中小学生从科普读物中既能吮吸到丰富的科学技术知识的乳汁，又可领略科学园地里百花争艳、万紫千红的迷人景致；既能感受到科学家们为探求科学真理不畏艰辛、勇于攀登的进取精神，又可使自己的思维方式受到科学的洗礼。阅读科普读物不但可以弥补家庭教育和课堂学习的不足，而且可以真正达到科学普及、知识传播的目的，更能够激发中小学生的创造性思维能力，培养他们的想象力和创新精神。

第一，科普读物激发中小学生学科学的兴趣。随着现代科学技术的突飞猛进，各种高新技术层出不穷。中小学生通过阅读科普读物，可以从中得到启迪，激发出爱科学、用科学的热情。当中小学生怀着强烈的科学知识渴求来阅读科普读物时，不仅能从中吮吸到丰富的科学知识营养，获取科学技术的基础知识，更能不由自主地展开丰富的想象，生发相应的情感。正是在这种心理过程中，中小学生的科学思维能力和科学判断能力得到了提高，更会引起他们探究科学的兴趣和欲望，从而使他们在智力和情感上参与到科学家的科研活动中来，这必然有助于他们形成科学思维。中小学生通过阅读科普读物，对某一高科技有十分形象的感性认识，从而使他们对这门学科产生兴趣，甚至爱上这门学科。

第二，科普读物可提高中小学生的科学能力。在科学技术高度发展的今天，中小学生要想掌握众多的科学知识，就会面临着有限的时间和无限的知识之间的矛盾，而他们通过有针对性地阅读科普读物来掌握科学方法、提高科学能力是解决时间和知识之间矛盾的钥匙。从某种程度上说，方法和能力比知识更为重要，因为知识是无限的，而方法和能力却概括着世界上的一切，并有助于知识的掌握。同时，科学方法对于中小学生从事学习和研究活动，以及在日常生活中，都具有极大的指导性和实用性。科普读物的目标之一，就是让中小学生在获取科学基础知识的同时，逐步掌握良好的科学方法，提高从事科学活动的能力。固然，科学方法的内容十分丰富，但其中最精要、最核心的莫过于科学的思维方法，即善于发现问题、善于分析问题。大量的科普读物，向人们展示了科学家艰苦的科学认识过程和成功之路。从中，中小学生除了感叹科学家献身于科学事业的崇高精神外，更主要的就是受到启迪。掌握以科学思维为核心的科学方法，是步入神圣的科学殿堂的钥匙，是在科学的崎岖道路上前进的拐杖，这种启示将帮助中小学生树立起正确的科学观，从小建立起从事科学研究并取得成功的信心，从而激发中小学生的求知欲，用各种方式摆出问题，促使他们去想、去探索，让他们自己去找答案。

第三，科普读物可以提高中小学生的整体素质。科普读物不仅能增强中小学生的科技意识、提高中小学生的科技素质，同时还能提高中小学生的整体素质，使他们在道德素质和科学文化素质两方面一起提高，成为热爱祖国的"四有"新人。科普读物在作品中融入素质教育的题材，教育中小学生爱科学，热爱祖国，为祖国的繁荣富强而刻苦学习。中小学生可以读一些关于古今中外科学家在青少年时代的理想、抱负、创造、成就，以及他们献身祖国科技事业的感人事迹的科普读物，这些科学家的发明创造，使人类告别了落后的历史，同时将人类带入了一个崭新的时代，使大众的生活发生了巨大的变化，在科学史上开辟了一个新的纪元。这不仅仅能培养中小学生正确的价值观，更重要的是启迪中小学生具有热爱祖国的信念，树立为祖国、为人类作贡献的社会责任感。中小学生是非常崇拜科学家的，因此，科学家的道德素质将对他们起到良好的教育，甚至影响他们的一生。

第四，科普读物能增强中小学生的环保意识。在阅读科普读物的过程中，中小学生会更加了解大自然，了解我们身边的动植物朋友，了解人类和动植物共同生活在地球这个大家庭中，了解我们身边的鸟儿、小鱼、花草树木都是和我们一样的生命……同时，随着科普知识的增长，中小学生也会更加了解破坏生态环境对人类的危害，了解"沙漠化""温室效应""海洋污染"等对我们的生活造成的影响。这些都会增强他们的环保意识，在他们幼小的心灵中种下一粒环保精神的种子。

四、用心聆听花开的声音
——让中小学生在诗歌中品味阅读之美

有一种让人爱得近乎心痛的文学精灵，它就是诗歌。英国著名诗人托马斯·艾略特说过："诗歌代表着一个民族最精细的感受与智慧。"诗歌是人类历史上最古老、最基本的文学形式，自从这个蓝色星球诞生了人这种生物，诗的追问就开始了。它饱含着作者的思想感情与丰富的想象，语言凝练而形象性强，具有鲜明的节奏、和谐的音韵，富于音乐美，一般分行排列，注重结构形式的美。现代诗人、文学评论家何其芳曾说："诗是一种最集中地反映社会生活的文学样式，它饱含着丰富的想象和感情，常常以直接抒情的方式来表现，而且在精练与和谐的程度上，特别是在节奏的鲜明上，它的语言有别于散文的语言。"

德国哲学家海德格尔说："人类应当诗意地栖居在这个大地之上。"诗歌是人类情动于衷时最好的宣泄方式，是人类对于美好生活的一种憧憬和追求，只要人类有感情、有憧憬就有诗歌。在文学的大花园中，它始终是一朵最美丽的花，正因为有这朵花的存在，文学的大花园才显得光彩夺目、芳香四溢。然而，随着21世纪信息时代的到来，生活节奏的日益加快，社会生活发生了深刻变化，人们的文化生活、阅读方式也有了很大变化，人们对诗歌的兴趣和热情已大大降低，诗歌在人们生活中的地位没那么重要了。人们在紧张的、快节奏的生活中仿佛已无暇顾及心底的那份诗情，诗歌已经在世界范围内遭到冷落。正当很多人在感叹：在网络时代，诗歌已经死了的时候，2011年的诺贝尔文学奖却颁给了瑞典著名诗人托马斯·特朗斯特罗姆，可见，人类对诗歌的追求是永恒的。

而对于中小学生来说，诗歌更是容易触动他们纯真的心灵的一种文学体裁。北大教授钱理群非常重视诗歌对中小学生的影响，他在《呼唤"诗教传统"归来》一文中写道："不仅是中国，世界许多民族，特别是希腊、印度这样的古老民族，都有一个'诗教'传统。……诗歌'不仅适合儿童的天性'，而且在保护与开启、培育儿童的自由想象力方面能发挥特殊的作用。儿童心灵自由的保护与培育，是'生命中最伟大的事件'，这不仅对于儿童个体的终身发展，而且对于民族精神的发展，都是至关重要的。"中小学生由于其年龄特点，心理还没有成熟，他们与成人的一个重要区别就是思维缺乏理性，不会抽象地认识事物，而思维具有模糊性特点，且拥有成人难以企及的形象诗性。儿童的思维主要靠直觉展开，有时候充满了矛盾，但在丰富的想象中却洋溢着诗性。

"爸爸，雪是什么时候升上天上去的？"

"妈妈！我要睡了！你就关上窗，不要让雨来打湿了我们的床。你就把我的小雨衣借给雨，不要让雨打湿了雨的衣裳。"

这两个例子，第一个是作家废名记录的自己五岁的儿子对纷扬的大雪的第一反应，第二个则是诗人刘半农把他的女儿小惠所说的话进行的简单的串联。这两个实例让人惊喜，因为从中可窥见儿童的直觉思维本身蕴含的无限诗意性。面对自然现象，儿童的第一感觉则是雪是先升上天空然后再洒落人间，而雨也具有丰富的人情味，而且还有自身特制的衣裳。中小学生对世界充满了陌生的好奇心，在他们眼中，平常的事物会以一种炫目的形态与特征呈现出来。而中小学生由于逻辑的缺乏，其语言表述异于约定俗成的公共习语，充满跳跃性、反常规性。而文学语言的形式上的一个主要特点就是反常规性、跳跃性。下面是一名小学生的习作：

小溪流不分日夜向前奔流，他的歌声叮叮咚咚，他的眼睛清清亮亮。哎呀！不好，一块巨大的石块挡住了他的去路，我真为小溪流担心。可小溪流才不怕呢。你看他像一个机灵的小孩轻轻跳跃两下，……这时他的歌声更加响亮，更加清脆。一路上，年老的枯树桩，让小溪流歇会儿，枯黄的小草让他在那儿待下来。可小溪流却依然唱着歌，不知疲倦地继续向前奔流。我的心也跟着小溪流不停地流呀流，小溪流终于长大了，长成了一条小河。

由此，我们可以看出，中小学生的自身特点决定了他们与诗歌有着比成人更多的亲密性，他们对阅读诗歌有着与生俱来的热爱。

古典诗歌让中小学生徜徉于古韵流芳

中国是一个诗的国度，从《诗经》《楚辞》到乐府民歌，从魏晋诗歌到唐诗、宋词、元曲，一脉相承而又风格各异的诗歌灿若星河，熠熠生辉。诗不仅是我们这个民族日常生活的一部分，同时也是抒发情感的最佳方式、联系情感的最佳纽带。古典诗歌作为中国古代文化遗产中的精华部分，具有不为时空所限的永恒生命力。它句式整齐，富有韵律，易读易记，朗朗上口，深受人们喜爱。古典诗歌是母语教育、文化传承中不可或缺的宝贵资源。而古诗中那些千古传诵的经典名句，更是瑰宝中的瑰宝，沉潜于其中，往往使读诗吟词的人变得崇高、淳朴、博大、灵活起来。而对于中小学生来说，阅读古典诗歌则具有更加重要的意义。著名小说家白先勇在《我的国文老师》中也说："如果我现在要教孩子的话，也要他念这些古书（《史记》《汉书》），暑假时也盯着他背古文、背诗词，我觉得这几千年的文化遗产，非常可贵。

我认为念诗词，真是人生的一大享受。……中国诗词里极度的精纯性，对于文字的节奏、音乐性和灵敏度，都是很好的基础。我觉得我们应该鼓励背书，多背古文、多背诗词，这对于文字表现是一种最好的训练。"古诗熔铸了作者对于生活和美的独特感受，包蕴着具有民族特色的哲思，不仅是中小学生语言学习的典范，同时也会对中小学生进行文化的浸润和哲理的熏陶。中小学生阅读古诗词，不仅有利于发展语言，提高智力，而且能陶冶情操，培养文字鉴赏力和健康的审美情趣。在阅读过程中，他们会沐浴着古诗文化，从古诗中汲取丰富的营养，拥有在诗意中成长的美好时光。

阅读古诗词对于中小学生具有以下几方面的好处：

第一，增强记忆力。有心理学家指出，人的记忆力在儿童时期发展极快，到 13 岁达到高峰。此后，主要是理解力的增强。科学家指出，人的大脑越用越灵活，记忆力越锻炼越好，每天背诵一些古诗文，无异于每天做了一次"脑体操"，经常锻炼可以增强中小学生的记忆力。中小学生由于正处于这种"黄金记忆期"，所以进行一些古诗词背诵，有利于增强他们的记忆力。

第二，提高语言文字能力。相关调查显示：94.2％的家长和几乎100％的老师认为背诵古诗文对提高中小学生的语言文字能力有好处。中小学生只有背诵大量的古诗文，实现"量"的积累，才能充分地汲取古诗文的精华，从而丰富自己的语言。

第三，培养想象力。想象能力是人脑在感性形象的基础上创造出新形象的能力。德国著名物理学家爱因斯坦曾说过："想象力比知识更重要。因为知识是有限的，而想象力概括着世界上的一切。"这充分说明想象力的重要。古诗文中就有许多能使人展开想象力的佳作，读后使人浮想联翩，产生境外之境。如唐代诗人王维的《使至塞上》中的名句："大漠孤烟直，长河落日圆"，读过之后令人如同看到在茫茫大漠之中，远处一柱烽烟冲天直上，随着视线向上推移，苍天、黄云、归雁尽收眼底；时值日暮黄昏，遥望蜿蜒奔流的黄河尽头，一轮落日滚滚欲下，水天相接，波光粼粼，一望无垠。这两句诗给读者展示出一种深远的意境，使人领略到塞上苍凉而又壮美的风光。

第四，塑造精神世界。自古以来，古典诗歌就一直承载着人格养成的使命。我国古代就有着"诗教"传统。那么什么是"诗教"呢？也就是《诗经》所说的"温柔敦厚"的教育作用，即孔子所说的"诗可以兴，可以观，可以群，可以怨"。兴，是指诗歌可以调动振奋人们的情绪；观，是指通过诗歌可以观察社会现象；群，是指诗歌可以凝聚人心，起到团结、教育人民的作用；怨，是指可以用诗歌发泄内心怨愤的情绪，批判现实。按儒家说法，诗可以"经夫妇，成孝敬，厚人伦，美教化，移风俗"。多读古诗词，对中小学生的德育、美育都有好处，对中小学生的性格塑造也有帮助。如北朝民歌《木兰诗》表达父女、姐弟亲情；《诗经》中的《静女》，李商隐的《夜雨寄北》《无题》（相见时难别亦难），白居易的《长恨歌》表达爱情；王维的《送元二使安西》，李白的《赠汪伦》《黄鹤楼送孟浩然之广陵》表达友情，都是比较淳朴、健康的，很有艺术和审美价值。还有很多爱国诗文，如岳飞的《满江红》，文天祥的《正气歌》，陆游的《书愤》《十一月四日风雨大作》，无不给中小学生以激励和鼓舞，使他们懂得很多人生哲理。

中小学生应重点掌握的几种古典诗歌类型

1. 山水田园诗

山水田园诗属于写景诗的范围，侧重于歌咏景物中的山水田园。这类诗以描写自然风光、农村景物以及安逸恬淡的隐居生活见长。诗境隽永优美，风格恬静淡雅，语言清丽洗练，多用白描手法。山水田园诗的代表人物主要有陶渊明、谢灵运、李白、孟浩然、王维、杨万里等。诗人们以山水田园为审美对象，把细腻的笔触投向静谧的山林、悠闲的田野，创造出一种田园牧歌式的生活，借以表达对现实的不满以及对宁静平和生活的向往。

过故人庄

[唐] 孟浩然

故人具鸡黍，邀我至田家。

绿树村边合，青山郭外斜。

开轩面场圃，把酒话桑麻。

待到重阳日，还来就菊花。

2. 边塞诗

边塞诗是以边疆地区军民生活和自然风光为题材的诗。边塞诗一般出自于出征的将领或随军文官之手，通过对戍边的艰辛生活和塞外的奇异自然风光的描写表达思乡之情以及保家卫国的高尚情操。一般认为，边塞诗初步发展于汉魏两晋南北朝时代，隋代开始兴盛，唐代进入发展的黄金时代。据统计，唐以前的边塞诗，现存不到200首，而《全唐诗》中所收的边塞诗就达 2000 余首。唐时期的边塞诗豪迈奔放，代表人物如骆宾王、王昌龄、高适、岑参等；而宋代的边塞诗更多地表现出报国无门的愤懑压抑以及归家无望的哀伤，代表人物如范仲淹、陆游等。

使至塞上

[唐] 王维

单车欲问边，属国过居延。

征蓬出汉塞，归雁入胡天。

大漠孤烟直，长河落日圆。

萧关逢候骑，都护在燕然。

3. 送别诗

送别诗是抒发诗人离别之情的一种诗歌类型。古时候由于交通不便，通信极不发达，亲人朋友之间往往一别数载难以相见，所以古人特别看重离别。离别之际，人们往往设酒饯别，折柳相送，有时还要吟诗话别，因此离情别绪就成为古代文人吟咏的一个永恒的主题。古往今来，许多文人墨客对于离别总是歌吟不绝。在这浓浓的感伤之外，往往还有其他寄寓：或用以激励劝勉，或用以抒发友情，或用于寄托诗人自己的理想抱负。送别诗一般是按时间、地点来描写景物，表达离愁别绪，从而体现诗人的思想感情。送别诗中常用的意象有长亭、杨柳、夕阳、酒、秋等。诗歌题目中往往有"赠、别、送"等字眼。送别内容有写夫妻之别、亲人之别、友人之别，也有写同僚之别，甚至写匆匆过客之别。所用的手法常常是直抒胸臆或借景抒情。其艺术特点，有的格调豪放旷达，有的委婉含蓄，有的词浅情深。

送杜少府之任蜀州

［唐］王勃

城阙辅三秦，风烟望五津。
与君离别意，同是宦游人。
海内存知己，天涯若比邻。
无为在歧路，儿女共沾巾。

4. 咏物诗

咏物诗就是托物言志或借物抒情的诗歌，通过对事物的咏叹体现人文思想。咏物诗中所咏之"物"往往是诗人的自况，与诗人的自我形象完全融合在一起。诗人在描摹事物中寄托了一定的感情。在诗中诗人或流露出自己的人生态度，或寄寓美好的愿望，或包涵生活的哲理，或表现优雅的生活情趣。

石 灰 吟

［明］于谦

千锤万击出深山，
烈火焚烧若等闲。
粉骨碎身全不怕，
要留清白在人间。

5. 咏怀诗

咏怀诗是指吟咏抒发诗人胸怀情志的诗。它所表现的是诗人对现实世界的体悟，对生命存在的思考，对个体生命的把握，对未来人生的设计与追求。诗人往往因为一件事情而有所感触，进而创作出诗篇。鉴赏这类诗歌，首先要了解诗人写的事，然后体味诗人抒发的情怀。

短 歌 行

［东汉］曹操

对酒当歌，人生几何？
譬如朝露，去日苦多。
慨当以慷，忧思难忘。
何以解忧？唯有杜康。
青青子衿，悠悠我心。
但为君故，沉吟至今。
呦呦鹿鸣，食野之苹。
我有嘉宾，鼓瑟吹笙。
明明如月，何时可掇？
忧从中来，不可断绝。
越陌度阡，枉用相存。
契阔谈宴，心念旧恩。

月明星稀，乌鹊南飞，

绕树三匝，何枝可依？

山不厌高，海不厌深。

周公吐哺，天下归心。

6.咏史诗

咏史诗是我国古代诗歌中重要的一类，是以历史为客体来抒写诗人情志的诗歌。咏史诗大多针对具体的历史事件或历史人物有所感慨或有所感悟。咏史诗发端于秦汉时期，而唐代是咏史诗创作的成熟期与繁荣期。咏史诗多以简洁的文字、精选的意象，融合对自然、社会、历史的感叹，或喟叹朝代兴亡变化，或感慨岁月瞬息变幻，或讽刺当政者荒淫无耻，而表现诗人历尽沧桑之后的沉思，蕴涵了怀古伤今的忧患意识。咏史诗的代表人物是刘禹锡、杜牧、辛弃疾等。

念奴娇·赤壁怀古

[北宋] 苏轼

大江东去，浪淘尽，千古风流人物。故垒西边，人道是、三国周郎赤壁。乱石穿空，惊涛拍岸，卷起千堆雪。江山如画，一时多少豪杰。

遥想公谨当年，小乔初嫁了，雄姿英发。羽扇纶巾，谈笑间、樯橹灰飞烟灭。故国神游，多情应笑我，早生华发。人生如梦，一尊还酹江月。

现代诗歌让中小学生漫游于诗意王国

现代诗歌又称为"新诗",是和中国古典诗歌相对应的概念,指五四运动以来的新体诗歌,其主要特征是打破中国古典诗词的格律,取而代之地采用与现代口语接近的白话。现代诗不仅从丰富的古典诗歌和民歌中汲取了宝贵的营养,同时也借鉴西方现代诗歌的表达方式,在内容上追求民主和科学,表达现代人的思想和情感。现代诗在 20 世纪中国新文学中占有重要地位,涌现了许多优秀诗人和作品,是中国新文学的宝库。

相比于古典诗歌,现代诗歌尤其具有自身的优势。现代诗歌打破了旧体诗格律的束缚,不讲究语言外在的格律,只注重诗歌内在的旋律与和谐的节奏,在感情抒发上则显得更加奔放。因此,现代诗歌在语言、感情、意境等方面与现代生活更加合拍,容易引起中小学生心灵的共鸣。中小学生阅读现代诗歌,可以开启他们的心灵,让他们拥有一双善于发现美的眼睛,拥有善于感悟的心灵,培养灵性的内心世界,让他们的心中充满诗意,充满灵性。诗歌是表现"真""善""美"的,英国文学家培根说:"读诗使人聪慧。"中小学生沐浴在现代诗歌的阳光中,能够从中汲取人生的智慧和激情,学会如何诗意地栖息在这个世界上。

教会中小学生怎样叩开现代诗歌的大门

很多中小学生不喜欢读现代诗歌,和现代诗歌比起来,他们宁可读小说、散文等现当代文章。之所以会出现这种情况,首先是中小学生对现代诗歌文体的陌生。中小学生在语文课堂上学习的多是实用文,以及少量的文学性文章,如小说、散文等,这些文章至少在文体方面的概念表述上有相近之处:中心、内容、材料、层次、用词、表达方法等,而诗歌在文体方面的概念上的表述是分行、省略、押韵、意象、感情流动等。现代诗文体的陌生感给中小学生造成了很大的阅读难度。其次是现代诗歌对中小学生的阅读习惯造成冲击。其他文体是朗读，诗歌是涵咏；其他文体抓材料归纳中心，诗歌是从意象中捕捉感情流程；其他文体对语言、感情、技巧的要求不如诗歌高。

另一方面是现代诗歌本身的问题。现代诗歌从字面上看虽无生僻词语，但中小学生读了以后有时会觉得不知所云。因为诗歌是最精粹的文学样式，它表达的往往是诗人在特定情境下的独特感受和体验，带有浓厚的个人色彩，加上语言上的凝练性、跳跃性、模糊性，诗歌的难以理解也就是自然而然的事情了。

其实现代诗歌能够直接地、聚焦地体现作者的内心世界，具有强烈的情感性和深刻的启示性；现代诗歌又具有强烈的节奏感，能够巧妙地宣泄感情发生、延续、收结的流程，对中小学生有着天然的感召力。假如在语文教学中老师能够让学生明白诗歌的文体特点，改变学生的阅读习惯，现代诗歌是容易被学生接受的，指导学生读诗、写诗应该也不是一件难事。

1. 浅吟轻唱读诗韵

现代诗歌十分讲究音乐性，德国著名诗人、剧作家席勒甚至认为："诗里的音乐在我心中鸣响，常常超过其内容的鲜明表象。"旧体诗有格律，讲究押韵，讲究对偶，中小学生在朗读中容易感受到诗歌的音乐性。而很多中小学生则误认为，现当代诗歌和外国诗歌是没有这方面要求的，更有的中小学生对诗歌格律的认识是模糊的。音乐美是诗歌区别于其他文学体裁的特质，在反复吟咏中把握诗的用韵、节拍、停顿，把握声调的轻重缓急，字音的响沉强弱，语流的疾徐曲折，这就是诗歌的音乐美。古人"情动于中而形于言；言之不足，故嗟叹之；嗟叹之不足，故歌咏之"。教师在中小学诗歌教学时也不能违背诗歌最本质的审美规律，学诗歌尤其要重视读。

中小学生应该在反复吟咏中，感受到诗人以语义为单位，作有节奏的停顿来组织诗句，因此诗句句内按语义节奏停顿的效果比按词语节奏停顿要好，气韵流转，情感呈自然流动状态。如现代著名诗人、剧作家郭沫若的《天上的街市》应做如下的停顿：

远远的/街灯/明了，好像/闪着/无数的明星。

天上的/明星/现了，好像/闪着/无数的明星。

我想/那缥缈的/空中，定然有/美丽的/街市。

街市上/陈列的/一些物品，定然是/世上没有的/珍奇。

关于押韵，中小学生应该在整体读诗的基础上理解不同韵脚对内容的影响。一些学生在教师的启发下，能够体会出不同韵脚的美感效应，读出诗人所要表达的效果。比如现代著名诗人徐志摩的《再别康桥》的第一节：

轻轻的我走了，

正如我轻轻的来；

我轻轻的招手，

做别西天的云彩。

这四句诗，押的是"ai"韵。如果把"云彩"这个词，换成"云霞""彩云""晚霞""彩霞"，虽然与下文中"湖畔的金柳""夕阳中的新娘"等也可以搭配，但是却少了诗歌本来的韵味和语言的美感，不能突出诗人惆怅中洒脱的情感。可见，押韵在现代诗中的重要作用。

另外，中小学生在反复吟诵中，要全面把握诗歌的思想内容，确定诗歌的情感基调，并根据情感需要，确定语速；根据意境，确定轻读、重读、音长、音短。这样才能真正读出诗歌的韵味。

读是一个重要的过程，从读的节奏和韵律上，中小学生能够把握诗歌的情感。节奏与情感互为表里：喜悦之情表现为明快轻松之节奏，昂扬之情表现为急促有力之节奏，悲凉之情表现为低沉缓慢之节奏。同时，节奏还由韵律所支配，从而形成诗歌语言的音乐性。

2. 触摸意象悟诗情

一首诗歌，最易感知的是其中表现的情感。情感又是靠什么传达的呢？那就是诗歌的意象。意象是饱含诗人感情，染有诗人主观色彩的物象，是诗人情感意念和诗歌形象的有机结合体。分析诗歌中的意象，是破解和鉴赏诗歌的一把金钥匙。意象是联系外在事物和诗人内心情感的纽带，也是把握诗歌主旨的关键。中小学生在阅读现代诗歌的过程中，只有捕捉到意象，去感知，去体味，才能发掘出意象所隐含的内在深意，领会到诗人所描绘的生活图景中所抒发的情感，领悟到超出物象之外涉及的内容，即透过物象表面，悟出诗人深邃悠远的思想情感。

> 小时候，乡愁是一枚小小的邮票，
> 我在这头，母亲在那头。
>
> 长大后，乡愁是一张窄窄的船票，
> 我在这头，新娘在那头。
>
> 后来啊，乡愁是一方矮矮的坟墓，
> 我在外头，母亲在里头。
>
> 而现在，乡愁是一湾浅浅的海峡，
> 我在这头，大陆在那头。

读现代著名诗人余光中的《乡愁》这首诗时，我们就能从诗人选取的四个有代表性的意象——"邮票""船票""坟墓""海峡"中联想到那份浓浓的思乡之情，那对祖国的深深的眷恋，以及对两岸统一寄予的殷切的期盼。

3. 咬文嚼字品诗语

有学者称："诗是语言的特别存在方式，从某种意义上说，你得通过语言深入到语言的核心中去，才能到达诗歌。"诗歌语言的审美价值，固然在于其清新超拔的动态的组合，而更在于诗歌的语言组合是被"意义"指向所支配着。因此对于中小学生而言，阅读诗歌要重视提升自身品位以及把握和驾驭母语的专业能力，只有这样，才能真正领会一首诗歌的语言之美。

撑着油纸伞，独自

彷徨在悠长、悠长

又寂寥的雨巷，

我希望逢着一个丁香一样的

结着愁怨的姑娘。她是有

丁香一样的颜色，

丁香一样的芬芳，

丁香一样的忧愁，

在雨中哀怨，哀怨又彷徨……

这是现代著名诗人戴望舒的《雨巷》中的一段。诗人在这首抒情诗中，运用优美的语言，展现了一种朦胧而恍惚的美，表达了诗人心中朦胧的理想和追求，代表了诗人陷入人生苦闷时，对未来渺茫的憧憬。

让中小学生成为"小诗人"

有位哲人曾经说过："每个青少年本质上都是一位诗人。"诗歌写作是一座极富开采价值的金矿，诗歌写作中感情的抒发、意境的开掘、语言的锤炼，对于其他文体的写作都有极好的促进作用。写诗，可以让中小学生的创造力得到激发，使想象力更加丰富，情操得到陶冶，文学素质得到综合提高。中小学生写诗包括以下几种方法：

第一，改写。中小学生可以把古诗词改写为现代诗。如对《春望》一诗，可在熟背的基础上进一步联想和想象，结合自己的生活体验，变换角度，将其改写成一首与诗人直接对话的现代诗。

第二，仿写。仿写就是让中小学生仿照所给例诗，写出自己的诗歌。所选例诗除语言优美之外，还要贴近中小学生的生活，让他们易于模仿。如让中小学生仿写冰心的《雨后》这类贴近他们生活的小诗，就很容易调动起他们想要写诗的意识。

第三，创作。可以让中小学生自由选题，独立创作属于自己的诗。老师应鼓励他们通过精彩的语言，描绘心中的独特感受与绚丽多姿的世界，让他们思维的触角延伸到生活的四面八方，让他们的心灵在诗的天空中自由翱翔。

通过以上不同层次的练习，中小学生将会领悟到：诗歌并不是"诗人的专利"，在真切的情感的支配下，人人都可以是诗人。

知识小链接

儿童诗歌推荐

雨　后

冰　心

嫩绿的树梢闪着金光，
广场上成了一片海洋！
水里一群赤脚的孩子，
快乐得好像神仙一样。

小哥哥使劲地踩着水，
把水花儿溅起多高。
他喊："妹，小心，滑！"
说着自己就滑了一跤！

他拍拍水淋淋的泥裤子，

嘴里说："糟糕——糟糕！"

而他通红欢喜的脸上，

却发射出兴奋和骄傲。

小妹妹撅着两条短粗的小辫，

紧紧地跟在这泥裤子后面，

她咬着唇儿，

提着裙儿，

轻轻地小心地跑，

心里却希望自己

也摔这么痛快的一跤！

对　岸

[印度] 泰戈尔

　　我渴望到河的对岸去。在那边，好些船只一行儿系在竹竿上；人们在早晨乘船渡过那边去，肩上扛着犁头，去耕耘他们的远处的田；在那边，牧人使他们鸣叫着的牛游泳到河旁的牧场去；黄昏的时候，他们都回家了，只留下豺狼在这满长着野草的岛上哀叫。

　　妈妈，如果你不在意，我长大的时候，要做这渡船的船夫。据说有好些古怪的池塘藏在这个高岸之后。雨过去了，一群一群的野鹜飞到那里去。茂盛的芦苇在岸边四周生长，水鸟在那里生蛋；竹鸡带着跳舞的尾巴，将它们细小的足

印在洁净的软泥上；黄昏的时候，长草顶着白花，邀月光在长草的波浪上浮游。

妈妈，如果你不在意，我长大的时候，要做这渡船的船夫。我要自此岸至彼岸，渡过来，渡过去，所有村中正在那儿沐浴的男孩女孩，都要诧异地望着我。

太阳升到中天，早晨变为正午了，我将跑到你那里去，说道："妈妈，我饿了！"一天完了，影子俯伏在树底下，我便要在黄昏中回家来。我将永不像爸爸那样，离开你到城里去做事。

妈妈，如果你不在意，我长大的时候，要做这渡船的船夫。

五、光影世界中的名著蒙太奇
——影视激趣促进中小学生阅读经典

在一家影院门口，电影刚刚散场，我们看到，小刚和他的同学们一边走出影院，一边兴致勃勃地谈论着，从他们的脸上我们看到了兴奋的表情。小刚是一名七年级的学生，他刚刚和几位同学一起观看了电影《哈利·波特与火焰杯》。小刚说："这部电影拍得真是太棒了。我很喜欢哈利·波特，真想同他一样拿起魔杖和伏地魔战斗。我们班里也有很多'哈迷'。我们在看了电影版的'哈利'以后，都想去买原著读一读……"

早在19世纪40年代，德国著名物理学家爱因斯坦就说过："影视作为一种对人类精神幼年时期的教育方法，是无与伦比的。因为影视可以使思想剧情化，这就比用任何其他的方式更容易为儿童所接受和理解。"清华大学新闻与传播学院常务副院长、影视传播研究中心主任尹鸿在《镜像阅读》一书中将影视剧的优点概括为："它那五彩缤纷的画面、千曲百折的叙事、绘声绘色的视听冲击，以及它那'缺席的在场'所带来的逼真感与想象性的高度融合，使它'最大限度地'克服了人类艺术用'通感'、用'造型瞬间'、用'语言形象'等各种手段仍然难以克服的镜与灯、面与线的美学对立，创造了一种空间与时间、视觉与听觉、表现与再现一体化的艺术样式，从而成为20世纪人类艺术的新宠。"自从诞生之日起，影视剧就以其自身的特点，吸引着无数人的眼球。娱乐性是影视剧的一大特点，德国著名诗人、美学家席勒说："只有当人是充分意义的人时，他才游戏；并且只有当他游戏时，他才是完全意义上的人。"他说的"游戏"应当是在审美意义上的人的自由自在的存在状态。而人从本质上看，是追求娱乐的。影视艺术传播的艺术信息恰恰有着极度通俗化、娱乐化和休闲化的内核。因此，影视剧成为受众数量极多的大众化媒体，据法国电影史家萨杜尔在《世界电影史》中记载，1960年世界电影观众就有200亿人次。电视的普及更是为影视剧推波助澜，观众数量就更难以统计了。而对于好奇心强，以形象思维为主，容易被生动的画面所感染的中小学生来说，影视剧更是他们的最爱。

现在的一些中小学生，对影视剧有着很强的依赖。很多同学对四大名著和其他文学作品的了解，不是读自于文本原著，而是观自于电影或者电视剧。为此，很多家长、学校都表示担忧。其实，我们不必为此过度忧虑，只要正确加以引导，影视剧会成为培养中小学生阅读习惯的一剂灵丹妙药。

文学与影视剧的关系

影视艺术是在传统艺术的基础上发展出来的，影视作品一般都离不开文学的审美。影视对文学的借鉴和汲取最多，也是最关键的。影视从文学那儿学习了诗的抒情、散文的纪实、小说的叙事和戏剧文学的冲突。文学构成了影视最坚实的基础，是影视"古老的艺术母亲"。美国电影理论家波布克在《电影的元素》一书中认为："无论怎么样，文学仍是电影最大的表现手段。"如果强调综合性的话，文学应是影视最大的被综合因素，文学性的好坏直接影响影视创作的成败。

但是，影视艺术与文学毕竟是不同的艺术，两者不可能划等号。比如，影视和小说，尽管两者都有很强的叙事能力，但小说能详尽无遗地反映现实世界及其一切关系，却不能用视觉形象和活生生的语言声调去感染人；而影视则在小说叙事技巧的基础上尽情地突出视觉效果。美国的电影评论家詹姆斯·莫纳科在《怎样看电影》中就指出："纸上的字永远是一样的，但银幕上的影像却不能因我们的注意力转移而改变着。"他在这里强调的是，影视必须以文学为基础。

影视剧对语文阅读教学的促进作用

影视作品对文学的高度依赖性，使老师们可以把影视剧引入中小学生的阅读教学。

美国教授理查德·凯勒·西蒙在其著作《垃圾文化——通俗文化与伟大传统》中提出，每一部通俗作品，都是对文学史上的一部经典作品的模仿与翻新。进而他以此为途径，实现通俗作品与经典阅读的嫁接。如他从《星球大战》引出英国著名作家斯宾塞的《仙后》，将学生们对越战大片《兰博》的兴趣导入经典史诗《伊利亚特》等等，或者反过来，像奥斯丁这样的作家，西蒙教授也为之找到了对应的通俗作品。西蒙教授以这种生动的形式，对他的学生实现了经典名著的阅读教学。

教师在语文阅读教学中，可让中小学生借助影视作品在轻松愉悦的氛围中激发他们阅读原著的兴趣。

教育家叶澜曾经说过："我们的语文教学，只有充分激活原本凝固的语言文字，才能使其变成生命的涌动。"教师将中小学生喜闻乐见的影视作品作为一种教育的超文本形式引入语文阅读教学中，通过有计划、有目的地围绕有关主题开展一系列教学活动，使学生在学习的过程中，通过各种器官全方位、多渠道地去感知、分析、理解、选择，帮助中小学生形成阅读能力,这正是叶教授所说的把文字变成生命的涌动。影视剧教学手段的引入,给中小学语文阅读教学注入了新的活力。教师应把影视作品与语文阅读教学有机整合,让影视更好地为语文阅读教学服务,这样能有效地促进中小学生阅读能力的发展。

兴趣是中小学生学习的最大动力,教师运用影视作品,可以突破时间与空间的限制,给中小学生直观逼真的感情材料。现代教学媒体和传统教学媒体相比较,有着显著的优势。它能突破时空的限制,以形象生动、直观具体的画面以及逼真传神的声音,将原著更好地展现在中小学生的眼前,实现"观古今于一瞬,抚四海于须臾",因而能有效地调动中小学生的多种感官,激发他们阅读原著的兴趣,并让他们能够更好地理解原著。

影视剧激发中小学生的阅读兴趣

影视剧与经典阅读之间并没有不可逾越的鸿沟。在一定条件下,影视剧是促进经典阅读的一种积极因素。影视剧的多元特色决定了它能迅速具有强大吸引力,这是文字名著所无法实现的。影视剧融合了文学、音乐、舞蹈、美术、雕刻等多种艺术形态,以及当前最新的电脑合成等科技手段,无论是画面的动感、质感,还是音响效果,都足以牢牢吸引中小学生的眼球。相反,文学经典名著脱离了喧闹的文化主流,需要中小学生静下心来细细品读,反复咀嚼,才能心领神会。然而,这样的静心阅读对于习惯生活在现代社会的快节奏、高效率、高压力生活方式下中小学生来说,实在是极难产生浓厚的阅读兴趣的。因此,影视剧对吸引学生阅读文学经典原著有着十分巨大的作用。好的影视剧可以成为文学的镜子,也可以成为生活的镜子,从而丰富中小学生的情感感悟。它可以将文学名著的精华以生动的形式展现在中小学生面前,便于他们迅速消化,并吸引中小学生走出电影院,走入图书馆,去阅读原著。

同时，通过观看影视剧和阅读名著，比较二者的不同，可以培养中小学生的阅读鉴赏能力。影视剧与原著总会有着很多不同。阅读原著，看的是文字，培养的是中小学生分析语言文字的能力；而观看电影，看的是像，听的是音，其实这还不是真正的"阅读"。况且用文字能表达的内容不一定就能用图像来表达，而图像有时所表达的效果也是文字所不可比拟的。将名著搬上银幕，首先就要进行改编。这样影片中的内容就会与原著产生许多不同。这些不同其实是来自于编导们的艺术见解，这些内容恰好可以锻炼中小学生的分析、判断、概括等能力，从而提高他们的阅读鉴赏能力。

第三章　阅读方法百宝箱

一、朗读

——荡漾激情促理解

　　早上 7 点 15 分，在某小学五年三班的教室中，正传出一阵阵朗朗的读书声，这是五年三班的同学在老师的带领下正进行晨读。一提起朗读，五年三班的小丽同学就兴致勃勃地说："从一年级开始，老师就开始带我们进行晨读了，几年下来，我们都养成习惯了，即使是放假在家，每天早上我也会自觉地拿一本书朗读一会儿。开始的时候，我们感觉朗读有点累，不如默读那么轻松，可过了一段时间，我们都开始爱上了朗读，班里同学的语文成绩也都有了提高……"

　　著名作家、教育家叶圣陶在 20 世纪 40 年代初便指出："现在国文教学，在内容和理法上比以前注重多了，可是学生吟诵的工夫太少，多数只是看看而已。"其实，朗读对于中小学生的语文阅读学习来说，是非常重要的。相关专家指出："就语文学习来说，朗读最重要。可以说，不朗读，不出声朗读，光靠看，光靠浏览，是学不好语文的。"《新课程标准》也指出："各个学段的阅读教学都要重视朗读和默读……有些诗文应要求学生诵读，以利于积累、体验、培养语感。"朗读是一种出声的阅读方式，它是中小学生完成阅读教育任务的一项重要的基本功。朗读是阅读的起点，是理解文章的重要手段。对于中小学生来说，要养成大声朗读的习惯，一篇文章，读出声音来，读出抑扬顿挫、语调神情来，比单用眼睛看所获得的印象要深刻得多，对于文章的思想感情的领会要透彻得多，从中受到的感染要强烈得多。

朗读不同类型的文学作品，会给中小学生不同的感受。读古文，中小学生会领略其叙事之铺张，说理之透彻，结构之奇特，技巧之高超，辞藻之丰富，文采之华丽。无论是孟文的浩荡、庄文的奇诡，还是荀文的谨严、韩文的峻峭，都会让中小学生在他们说理论证的风格气势中，感受到一种酣畅淋漓的自由节奏，从而获得一种审美情感的体验与享受。读当代名家名作，中小学生同样可以感受汉语言特有的审美资质。如鲁迅的缜密深沉，郭沫若的气势雄浑，茅盾的细致入微，老舍的流畅诙谐，冰心的清新明媚，刘白羽的热烈奔放，杨朔的隽永瑰丽，赵树理的质朴平易……

大声朗读好处多

1. 有利于中小学生的身心健康

中小学生在朗读的过程中，调动了口腔、鼻腔、喉咙、肺部、胸腔等部位的协调运动，有利于他们的身体健康。中小学生在朗读时，倾听自己的声音，能给自己带来自信，获得充实和满足感。另外，大声朗读能改变中小学生的性格。性格内向的学生，在朗读时往往发出的声音也很小。如果他们能够坚持大声朗读，就会慢慢变得爱讲话，性格也就随之变得开朗。

2. 有利于中小学生智力的开发

中小学生在朗读的过程中，眼、耳、手、口、脑各种器官的综合运用，有利于他们智力的开发。朗读有利于开发中小学生的右脑。因为大声朗读实质是朗读者在欣赏自己的声音，久而久之，有利于学生形象思维能力的自我培养。另外，中小学生在朗读过程中需要集中精力，大脑处于"排空"状态，这有利于大脑记忆功能的开发。

3. 有利于中小学生的语言积累

朗读是中小学生语言积累的重要途径。学习语言，主要不是依靠理性分析，而是靠语言的直接感受和积累。中小学生在朗读过程中，与字词多次"见面"，能够牢固掌握字的读音，强化识记字形，从而有效地识字、识词。

发掘特洛伊城遗迹的德国人希泊来，是一位杰出的语言天才。他能在短短的时间内学会许多国家的语言，用的便是朗读的方法。他即使阅读相同的文章，也一遍一遍地大声朗读，一直念到深夜。听说，希泊来数次被房东赶出门，就是因为这个原因。结果，每一种外语，他都仅用了 3—6 个月的时间就学会了。

4. 有助于中小学生增强语感

著名作家、教育家叶圣陶指出："语感是一种文学修养，是人们对规范语言的感受和语言运用中养成的一种带有经验色彩的比较直接迅速的感悟领会语言文字的能力。"朗读是培养语感的一种好方式。不断进行朗读训练，就可以增强对语音的感受能力，增强对语言规范的敏感性和鉴别力。如果只是纯粹的默读，比起朗读来说就少了口、耳的锻炼，既枯燥沉闷，又大大削弱了对语感的培养。中小学生在反复朗读教材课文和其他课外阅读内容的过程中，通过对作品中语气、节奏、句式、格调的揣摩，有助于培养他们的语感。

5. 可以锻炼中小学生的口语表达能力

朗读可以锻炼人的思维，提高口语表达能力。尤其是对于方言区的中小学生来说，朗读有着更重要的意义：因为日常生活中，保留地方特色的方言多多少少给这些学生的普通话表达带来一定的影响，以致他们不能用准确、规范的普通话表达交流。而朗读正是锻炼方言区中小学生的口语表达能力、提高其普通话水平的一个实实在在的方法。

6. 可以陶冶中小学生的情操

中小学生在反复朗读的过程中，对作者流露于字里行间的思想感情容易产生共鸣，从而被作者表露的情感所感染，这样不仅有助于他们理解文章内容，还能陶冶他们的思想情操。通过朗读，不仅能够使中小学生体会语言文字的韵律美，同时能够把语言文字化做鲜明的视觉形象再现在中小学生面前，唤起他们的想象，激发他们情感中真、善、美的因素，让他们与作者、与文章产生共鸣，情感得到美的感召和升华，从中受到教育和感染。

巧妙方法促朗读

1. 多种形式的比较朗读

比较朗读包括调换字词和改变句型两种方式。调换字词的比较朗读，即针对不同文学作品的内容中某些重点词的理解，用换近义词的方法进行比较朗读；改变句型的比较朗读，即把文学作品中的一些类型比较特别的句子，如感叹句、反问句、祈使句等，改变其句型进行比较朗读。比较朗读能够增强中小学生的辨识能力，有助于他们准确领悟作者的情感。

2. 配乐朗读

音乐，往往能使人在一定的气氛中受到感情的熏陶。如果能够针对不同类型的文学作品的内容，选择适合各自朗读基调的音乐进行配乐朗读，在音乐美的体验中，中小学生浮躁、空虚、散漫等不良心绪会得到很好的调节，从而使其情绪控制能力大为改善。

3. 分角色朗读

中小学生在朗读的过程中，是将无声的文字符号，由视觉到思维经过理解加工转换成有声语言来再现故事情节，描绘景物，塑造人物形象。分角色朗读不但能使中小学生集中注意力，还能够潜移默化地让他们更深刻地理解文学作品的内容。学生要想准确地传达出角色的神态、情感、性格，就必须先揣摩出作品中人物的思想性情。这一过程使学生在不知不觉中提高了自己了解他人的能力。

4. 创设情境的想象朗读

教师在阅读教学中，可以创设一定的情境，把中小学生带入文学作品的情境中，启迪他们的想象。这样不仅能激起中小学生愉悦的情绪，更重要的是把文本世界和现实世界联系起来，有利于他们把对作品人物的理解能力进行迁移。阅读的过程是把文字信息转换为生动的表象组合的过程。朗读还是一个把无声语言转化为有声语言的过程，这个过程充满着想象和不可言喻的情感体验。对文字的理解，对思想的发掘，在很大程度上需要凭借这个过程来实现。中小学生的情感是伴随着清晰的表象和正确的理解不断深化的。因此，在指导中小学生朗读时，教师应引导他们从作品的语言文字出发，展开想象，进入作品所创设的情境，借助语言来感受形象，领悟其中的感情。

5. 生动传神的表演朗读

中小学生一般都有很强的自我表现欲。在阅读教学中，教师应及时抓住时机，诱导他们进入角色。这样可以进一步促进他们对人物的情感、思想、性格进行体验，从而深入地理解文学作品的内容和作者在其中所表现的思想感情。

表达手段必掌握

中小学生在朗诵时，一方面要深刻透彻地把握作品的内容，另一方面要合理地运用各种表达手段，准确地表达作品的内在含义。对于中小学生来说，朗读中常用的基本表达手段有：停顿、重音、语速、句调等。

1. 停顿

停顿指语句或词语之间声音上的间歇。停顿一方面是由于朗诵者在朗诵时生理上的需要；另一方面是句子结构上的需要；再一方面是为了充分表达思想感情的需要；同时，也可给听者一个领略和思考、理解和接受的余地，帮助听者理解文章含义，加深印象。停顿包括生理停顿、语法停顿、强调停顿。

（1）生理停顿。生理停顿即朗诵者根据气息需要，在不影响语义完整的地方作一个短暂的停歇。中小学生在朗读中要注意，生理停顿不要妨碍语意表达，不要割裂语法结构。

（2）语法停顿。语法停顿是反映一句话里面的语法关系的，在书面语言里就反映为标点。一般来说，语法停顿时间的长短同标点大致相关。例如句号、问号、叹号后的停顿比分号、冒号长；分号、冒号后的停顿比逗号长；逗号后的停顿比顿号长；段落之间的停顿则长于句子停顿的时间。

（3）强调停顿。为了强调某一事物，突出某个语意或某种感情，而在书面上没有标点、在生理上也可不作停顿的地方作了停顿，或者在书面上有标点的地方作了较大的停顿，这样的停顿我们称为强调停顿。强调停顿主要是靠仔细揣摩作品，深刻体会其内在含义来安排的。

2. 重音

重音是指朗诵、说话时句子里某些词语念得比较重的现象，一般用增加声音的强度来体现。重音包括语法重音和强调重音。

（1）语法重音。语法重音指在不表示什么特殊的思想和感情的情况下，根据语法结构的特点，对句子的某些部分进行的重读。语法重音的位置比较固定，常见的规律是：①一般短句子里的谓语部分常重读；②动词或形容词前的状语常重读；③动词后面由形容词、动词及部分词组充当的补语常重读；④名词前的定语常重读；⑤有些代词也常重读。如果一句话里成分较多，重读也就不止一处，往往优先重读定语、状语、补语等连带成分。值得注意的是，语法重音的强度并不十分强，只是同语句的其他部分相比较，读得比较重一些罢了。

（2）强调重音。强调重音指的是为了表示某种特殊的感情和强调某种特殊意义而故意说得重一些的音，目的在于引起听者注意自己所要强调的某个部分。语句在什么地方该用强调重音并没有固定的规律，而是受说话的环境、内容和感情支配的。同一句话，强调重音不同，表达的意思也往往不同。因而，在朗诵时，首先要认真钻研作品，正确理解作者意图，才能较快较准地找到强调重音之所在。

3. 语速

语速是指说话或朗诵时每个音节的长短及音节之间连接的紧松。说话的速度是由说话人的感情决定的，朗诵的速度则与文章的思想内容相联系。一般说来，热烈、欢快、兴奋、紧张的内容速度快一些；平静、庄重、悲伤、沉重、追忆的内容速度慢一些。而一般的叙述、说明、议论则用中速。

4. 句调

在汉语中，字有字调，句有句调。我们通常称字调为声调，是指音节的高低升降。而句调我们则称为语调，是指语句的高低升降。句调是贯穿整个句子的，只是在句末音节上表现得特别明显。句调根据表示的语气和感情态度的不同，可分为四种：升调、降调、平调、曲调。

（1）升调（↑），前低后高，语势上升。一般用来表示疑问、反问、惊异等语气。

（2）降调（↓），前高后低，语势渐降。一般用于陈述句、感叹句、祈使句，表示肯定、坚决、赞美、祝福等感情。

（3）平调（—）。这种调子，语势平稳舒缓，没有明显的升降变化，用于不带特殊感情的陈述和说明，还可表示庄严、悲痛、冷淡等感情。

（4）曲调（∧∨）。全句语调弯曲，或先升后降，或先降后升，往往把句中需要突出的词语拖长着念，这种句调常用来表示讽刺、厌恶、反语、意在言外等语气。

林肯朗读的故事

因为家境贫寒，林肯幼年时在一所乡村学校读书。教室的窗户没有玻璃，是用作业本的纸张糊上的，木地板也破烂不堪。全班只有一本课本。上课时，老师拿着课本领读，学生们跟着大声念。每天读书声都不断，附近的住户因此把学校称作"大嗓门学校"。

林肯在这所学校养成了一个伴随他终生的习惯：他总是把自己想要记住的东西，大声朗读数遍。

他每天早上来到法律事务所的第一件事，就是坐在沙发上，把腿跷在一张椅子上，拿起当天的报纸边看边大声念出来。他的合伙人曾说过："我觉得他过于吵闹，就问他为什么一定要把报纸读出来。他解释说：'边看边大声读出来，我就可以把内容牢记。因为我有双重的接触，一是我看到了我读的内容，二来我听到了朗读的内容。'"

二、精读
——精雕细琢出真知

著名美学家朱光潜说："读书并不在多，最重要的是选得精，读得彻底。与其读十部无关轻重的书，不如以读十部书的时间和精力去读一部真正值得读的书；与其十部书都只泛览一遍，不如取一部书精读十遍。"所谓精读，就是逐章逐节、逐字逐句地对文章进行深入细致阅读的方法。精读的目的在于全面掌握文章的内容，把握文章的中心思想，理解文章中的概念、理论。精读是一种重要的阅读方法，在阅读博大精深的经典著作或重要段落，以及对自己的学习有着重要意义的文章时一般要采用精读的方法。采取精读的方法进行阅读，能使中小学生养成熟读精思的好习惯，对提高学生阅读能力效果明显，同时对于提高学生的观察力、记忆力、概括能力以及辨析关键词语的能力也有很大的帮助。

精读的步骤

1. 前奏

在精读之前，从整体入手，浏览全书结构，包括封面、封底、内容提要、目录、前言、后记等信息。

2. 详读

对选取的部分进行细读，即对某章节或重要段落仔仔细细、认认真真地读，弄懂、弄通材料的点点滴滴，从字里行间捕捉材料内涵。在详读过程中，中小学生可以利用阅读符号与批注等帮助自己理解材料，同时为自己日后的复习和回顾创造条件。

在详读材料的时候，中小学生要做到边读边思考，遇到疑难的问题不能忽视或匆匆一眼扫过，最好能够停下来，好好推敲、斟酌一番。对那些确实无从着手的难题，可以打上记号，另作处理，或翻阅参考资料，或请教他人，同时给自己必要的时间进行想象和联想。这样不但能使我们充分理解阅读材料，还能让我们对材料的记忆加深。

有些中小学生读书总是急急忙忙，囫囵吞枣，速度很快，可是一本书读下来，脑子里好像什么印象也没有，效果当然很不好。有些中小学生则很会读书，他们对该精读的文章不求速度快，读读停停，停停想想，想想写写，在阅读中不断地想象和联想，让自己的思想和作者产生共鸣，或对自己不赞同作者的地方仔细思考。

3. 总结

在读完一章内容或一本书后，应该进行及时的小结或总结，并加以记忆。读书的目的是为了增加知识，或解决实际问题。如果读完一本书，书是书，自己是自己，那就等于白读了。因此，既然我们花了这么多力气啃完整本书，为什么不再花点儿力气作好总结，让自己更好地把握知识呢？总结的过程能有效地清点自己掌握内容的多少，更好地了解、理解、把握知识，也是为了我们日后用到有关内容时，能够帮助我们解决实际问题，不致"书到用时方恨少"，面对问题茫然无绪，不得要领。

精读需要注意的问题

1. 认读方面

中小学生要按照顺序，仔细地看清每一个字，不允许错认和漏认。如果遇到不认识的字或者难以理解的词语，学生可以选择查工具书或者向家长、老师、同学请教，务必扫除文本中的"阅读盲点"。

2. 理解方面

中小学生对文章的词、句、段、篇都要进行深入的分析和思考。对于词语，不仅要弄懂它的表面意义，还要理解它的表达作用和感情色彩；对于句子，不仅要了解它的直接意思，还要领会它的深刻含义；对于段落，不仅要求能够概括它的大意，还要懂得它在全篇中的地位和自身的结构；对于全篇，不仅要能归纳出它的中心思想，还要了解它的结构方式和作者的思路。

3. 想象方面

中小学生要把文章所阐述的内容和自己的生活实践进行联系，仔细体会文章所阐述的道理和描绘的情景，展开想象的翅膀，使自己置身于文章所展现的情境当中，这样才能深入理解文章的内容和作者所表达的思想感情。

4. 评价方面

中小学生要能够对文章所表达的思想内容和表达方式做出客观的衡量和判断。对于科技读物的精读，在研读文字、符号、图表的过程中必须透彻理解每一个概念、原理，以及相互之间的内在逻辑关系，并且能够运用。

三、略读
——提纲挈领晓大意

著名作家、教育家叶圣陶在《略读指导举隅》的前言中是这样解释"略读"的："学生从精读方面得到种种经验，应用这些经验，自己去读长篇巨著以及其他的单篇短什，不再需要教师的详细指导，这便是'略读'。就教学而言，精读是主体，略读只是补充；但就效果而言，精读是准备，略读才是应用。学生在校的时候，为了需要与兴趣，须在课本或选文以外阅读旁的书籍文字；他日出校之后，为了需要与兴趣，一辈子须阅读各种书籍文字；这种阅读都是所谓应用。使学生在这方面打定根基，养成习惯，全在国文课的略读。如果只注意于精读，而忽略了略读，工夫便只做得一半儿。"

略读是指对阅读材料进行取舍，完成以检索、查阅或捕捉信息、了解情况为目的的阅读。现代信息时代，资讯大潮汹涌，我们没有办法也不可能对各种资讯全部吸收，而应该把握主要或重要的内容，进行阅读。与一般阅读比起来，略读的理解水平较低。一般阅读通常对文章的内容可以理解70%—80%，而略读的平均理解率只有50%—60%。但有研究证明，一般的阅读材料中有20%—50%的内容属于无意义的过渡成分。这些内容我们完全可以放心地略去不读，从而提高自己的阅读速度，节省有限的学习时间。据统计，训练有素的略读者的阅读速度可以达到每分钟 3000—4000 个字。

在阅读一本书或一篇文章之前，我们可以先从封面信息、提要、目录、序言、后记、图表等方面入手。通过对这些内容的浏览，从总体上大致了解阅读材料的内容；然后对阅读材料进行通读，选择省略和详读的内容部分，为进一步阅读创造条件。通读浏览只是粗粗一带而过，因此在通读的时候，读速可以一目十行，眼睛看到的不是具体哪个字，不是具体哪个词、哪句话，而是把所看的内容像图像一样一起收入视野，映入大脑，然后凭经验、凭这幅图像上的一两处特征，来作出判断。

在选好哪些内容详读，哪些内容略读后，对于那些略读的内容，根据其和阅读材料关系远近加以取舍，对选取的内容和与详读部分关系密切的部分，就可以采用粗读或泛读，以免造成知识结构、内容的脱节，断章取义。

在阅读过程中，如果发现阅读材料篇幅较大或知识比较繁杂时，我们可以采取分层阅读。分层阅读是指在阅读时，对一本书列出若干个专题，即读书目的，每次都围绕一个读书目的寻找书中的相关内容加以阅读，之后再抓另一个读书目的，选取相关内容进行阅读。以此类推，直到完成所有预期的读书目的。这样有目的地阅读材料，可以让我们在很大程度上提高阅读效率和效果。

略读中常用的方法

1. 描绘轮廓

比如读一篇几千字的文章，阅读时首先应该以尽可能快的速度将文章的前两段完整地读完，以掌握文章的主题思想、结构安排，初步了解作者的写作风格以及语调和语气等等。因为通常作者在文章的前几段中会对文章作一个介绍，描绘出文章的总体轮廓。

2. 掌握关键词语

一旦对文章有了一个大概的了解后，在阅读第三或第四段时，只要阅读句子的关键词，略过段落的其他部分，便可掌握段落的主要意思。或者只读段落中的关键句子，挑出一两个重要的词、短语或数字等。

3. 找出中心

略读中，应抓住段落的主要意思和少数几个细节。有时，关键的句子不一定就是段落的第一句，它可能在段中或末尾。所以，也得花时间去找出关键句。有时，段落的主要意思并不是用一个关键句子表达的，这就需要找出几个句子或短语来表示主要意思。这样，就得将整个段落读完。但不要忘记，在读完后进入下一个段落时，仍要以略读速度进行。

4. 读论暗证

此法适用于读议论文。议论文的重点，是文中的议论部分，主要是段头的论点和段尾的结论。略读中间的论证部分，一般不会影响对观点的掌握。

5. 读异略同法

在阅读中遇有已知或赞同的内容，可略去不读；而只读那些不了解、有异议或不赞同的内容。

6. 读情略景法

文学作品主要是写人的。人物性格则是通过情节的发展来不断展现的，所以要想较快地了解人物性格，可着重阅读情节，略去景物描写部分。

7. 读奇略平法

文学作品的情节，常常是跌宕起伏、张弛相间的。从主观上说，奇异是平缓的结果，主线发展的转折点；平缓是奇异的前奏，主线发展的铺垫、过渡。在阅读过程中，可以对平淡无奇、意料之中的内容略去不读，抓住主线发展的转折点，了解主要情节过程。

略读中应注意的问题

1. 寻找主题句

当一时找不到自己感兴趣的内容时，我们可以寻找主题句。一般来说，文章的段落中常会有概括性的重点句，这就是我们要找的主题句，然后我们可以就这些主题句来确定内容是否是自己感兴趣的。

2. 跳过自己不需要了解的部分

有时，我们需要掌握一定的细节资料，以便更好地理解作者的观点，但是我们没有必要知道所有的细节，只要把握与主题有关的细节就行了。比如，一篇论文，里面涉及很多内容，而我们只想了解其中的某个知识点，就可以大刀阔斧地砍去自己不感兴趣的部分，留下充裕的时间阅读相关部分的内容。

3. 不要让自己陷在细节之中

在阅读的过程中，我们的目的是增长知识，而作者所传达的某种观点就是我们的学习目标。细节的作用则是对观点进行阐释，帮助我们理解这一观点。比如在翻阅报纸时，很多时候，我们看一下报纸的主标题、副标题，就可以大致了解作者的观点，然后再根据标题寻找文中相关字眼，就可以基本把握文章大意。如果你觉得没有必要对这一事件进行详细的了解，这样做就够了。

四、速读
——一目亦能观十行

21 世纪是一个信息的时代、知识爆炸的时代，信息的数量以几何倍数的方式在增长。据统计，一个人要读完全国每天出版的报纸，要花上一年的时间，更不要说面对浩如烟海的网络信息了。即使是优秀学者，以传统的阅读方式获取信息，也如井底之蛙而孤陋寡闻。信息的大潮冲击着我们的传统阅读方式，海量的信息要求我们提高阅读速度，提高阅读效率，这样才能跟上信息时代的脚步。对于中小学生来说，同样是如此。

速读作为一种阅读方法，古代就已经产生了。《北齐书》曾记载王孝瑜"读书敏速，十行俱下"。速读，即"快速阅读"，与传统阅读方式不同，它是一种纯粹运用视觉的阅读，是一种讲求效率的阅读，是一种更符合人的思维特征的阅读，同时是一种节省视力和脑力的阅读，是一种更有利于记忆的阅读。掌握了速读技能的人，能以超过平常人十倍、甚至几十倍的速度进行阅读，换句话讲就是"一目多行"，速读高手甚至可以达到"一目十行"。如一般人的阅读速度平均为200—500字/分钟，而掌握"速读"技巧的人能以2000—5000字/分钟的速度阅读书籍和资料，熟练者则可达到10000字/分钟的速度。速读是一种充分运用视觉感官的阅读，是一种更符合人们思维特征的快速、高效的阅读方法。它能节省视力和脑力，更有利于记忆。速读法并不神秘，它只是将人们自身就具有的对图像的识别能力运用到文字的阅读中去，从而改变了人们多年来所形成的传统阅读习惯。

速读为什么被称为"全脑速读"

人的大脑分为左右两部分，各自分管并对不同的信息内容进行处理，其中主要是对图形和图像进行记忆和加工，而主要是处理诸如逻辑、数字、文字等非形象化的信息。科学研究已经证明：人类进行传统阅读时，主要使用左脑的功能；而在采用"速读"方式阅读时，则充分调动了左右脑的功能作用，各自发挥左右脑的优势共同进行文字信息的形象辨识、意义记忆和理解，所以"速读"又被称为"全脑速读"。

在传统阅读法中，书面的文字信息对眼睛产生光学刺激之后，视网膜要把这种物理过程转化为神经活动的生物过程，传送到大脑的视觉中枢，由视觉中枢处理后再传达到语言中枢，语言中枢再传递到听觉中枢，最后由听觉中枢传输到记忆中枢。这是一个自己读给自己听的过程，即使是高水平的默读也是如此，只不过外部动作控制得比较好罢了。所以，一般人在以传统阅读法阅读时，实际上是在"读书"，而不是在真正"看书"。

快速阅读则是一种"眼脑直映"式的阅读方法。它是将书面的文字信息对眼睛产生光学刺激之后所产生的整体文字图像，直接传送到右脑以图像的形式加以记忆，之后再由大脑将文字图像解析出来。速读这种"眼脑直映"式的阅读的方法省略了语言中枢和听觉中枢这两个可有可无的中间环节，即文字信号直接映入大脑记忆中枢进行理解和记忆。眼睛所看到的文字可以如同图像一样，一眼所看到的文字信息同时"并行"地进入大脑中枢，以与大脑思维速度相匹配的速度供给信息，使二者的工作协调，趋于同步。这实际上是一种单纯运用视觉的阅读方式。所以说这种快速阅读的方式，才是真正的"看书"。另外，速读能够将被阅读的文字以组或行、块为单位进行大小不一的整体阅读，而"组"或"块"内所包含的往往可能是词组、半行、一行、多行甚至整页内容，因此对提高我们的阅读速度有很大的好处。

提高阅读速度小窍门

1. 让你的眼球冲刺

人类能够快速阅读首先基于人自身的生理基础具备速读的各种条件，即人的视觉器官具有快速阅读的能力。人的眼睛是一个生物工程的奇迹。在每一只眼睛背部，有一块指甲盖大小的地方，它包含着1.5亿个独立的光感受器，这些光感受器每秒钟可以处理亿万个光子。英国作家和心理学家托尼·博赞认为："像大脑一样，眼睛的力量比我们所觉察到的要强得多。我们现在知道每只眼睛有1.5亿个每秒钟能接收数万亿光子的光感受器，仿佛'砰'的一下，我看见了一座山的景色，我能在一秒钟内把它整个摄入。因此，普通书本中一页内容就更简单了。只是我们没有学过怎样将这些同样的视觉技能应用于阅读。"

我们应该尽量缩短阅读过程中眼停留的时间，这是提高阅读速度的一种有效的方法。传统的阅读是眼睛在每一个字间跳跃的点式阅读，眼睛在每个字上的停留时间为 1/10 秒—3/10 秒，通过这种停留来接收信息，而在字间的跳跃仅占 5％左右；而快速阅读法是整行文字的线式阅读，这种方法使目光不在单字上停留，而是在整行的文字上停留，眼球接受文字信号的速度提高了 10 倍以上。

其实我们的眼睛有很大的潜力可挖。实验结果表明，在 0.1 秒时间内，成人一般能够感知 6—8 个黑色圆点或 4—6 个彼此不相联系的外文字母，也就是说，一分钟可以感知到 4200 个点。如果我们把一个字看做一个点的话，那么，一分钟就可以看到 4200 个字。这也是一般未经过系统速读训练者完全可以具备的能力。如果经过训练的话，一分钟达到 10000 字以上也是可以做到的。

2. 提高整体识读的能力

阅读速度的提高，与阅读者的整体识读能力有着很直接的关系。逐字逐句读书的习惯使注视点增多，眼跳次数增多，势必影响阅读的速度。而如果将许多字词、一句或数句甚至一段作为一个整体来识读，就会大大减少注视点和眼跳次数，使每次眼停的阅读视野扩大，阅读速度也会成倍地提高，同时不影响对文章内容的理解深度。因此，在阅读中注意养成整体识读的习惯，也是提高快速阅读能力的一个重要方面。

3. 改变回读的习惯

不少人在阅读中有一种不良的习惯——回读，即在阅读时，有一个字或一个词语没有看清楚或不理解而反复地读。造成回读的原因是在阅读时没能做到全身心地投入，没有进入一种专注状态，因而总是为了自己看的次数不够，害怕影响理解而担心，或者为了自己看得太快而怕看不清楚而有所顾虑。这样既浪费了时间，也减慢了速度。只要我们在阅读时全身心投入，注意力高度集中，使大脑处于一种高清晰状态，同时注意控制眼球的运动，使视线定向运动而不返回，反复练习，就能减少和避免回读，从而提高阅读速度和效率。

4. 改变音读的习惯

出声阅读是影响阅读速度的重要因素。实验统计表明，出声阅读的速度最快每分钟只能达到 200 字，而默读每分钟可达 800 字左右，是出声阅读的 4 倍。因此，想要提高阅读速度首先要学会默读。默读的关键在于避免出声，有的人在读时虽然听不到有明显的出声现象，但是仔细观察会发现他的唇或舌在动，说明其阅读仍有不易觉察的潜在发声现象，这仍会影响到阅读的速度。要提高阅读效率，就要彻底改掉音读的习惯，有意识地克服唇动、舌动的现象。如果我们在阅读时能够彻底改掉音读的习惯，变"读"为"看"，那么我们的阅读速度最高可以达到每分钟 2000 字左右，甚至更快。

快速阅读的方法

1. 浏览法

浏览法是指对一般不需要细致了解的书籍，只是从总体上粗略掌握书中大概内容的一种阅读方法。它可以在有限的时间内尽可能广泛地了解信息，有助于开阔视野，是博览群书所常用的重要方法。浏览阅读应重点注意文中的一些关键位置：一是篇名，包括文章的题目和书名，题目是文章的眼睛，往往集中概括了全文的主要论点、主要论题或是主要内容等。通过研究题目，可以对文章或书籍有一个总体的认识。二是目录、序言、提要、索引等，这些将会帮助读者对文章或书籍的大体框架、基本思路有所了解。三是正文，这一部分浏览的关键主要是开头、结尾以及中间各段落起首的中心句。将这些关键部分浏览完毕后，会对文章或书籍形成总的印象，如果经过回忆有不够完整的地方，或有值得深究之处，可再作必要的重点补阅。

2. 扫读法

扫读法是指对文章内容一目数行地扫视，以大容量获取信息的一种快速阅读方法。扫读法不像传统阅读方法那样逐字逐句地来读，而是将眼停的视域尽可能扩大，将几行文字、一段文字甚至整页文字作为每次眼停的注视单位，在快速扫视中获得对文章或书籍的总体印象、整体理解。这种方法最快可以由数行扫读达到一页一页扫读，逐页扫读的方法又称为面式阅读法。由于摆脱了在个别字句上的语意纠缠，这种方法不仅提高了阅读速度，而且并不像有些人担心的那样会影响理解程度，很多时候甚至比逐字逐句阅读更能够把握文章内容的精髓。扫读法阅读的速度非常快，但要熟练掌握这种方法必须经过专门训练，比如经常做一些视力扩展训练，在平时阅读时要注意克服逐字逐句阅读的习惯，有意识地扩大每次眼停的视野范围。利用数字表等进行专门的视力扩展训练，也是非常有效的方法。

3. 跳读法

跳读法是指跳过一些无关紧要的部分而直取读物的关键性内容的一种快速阅读方法。跳读与扫读不同，扫读是数行、逐页扫视，而跳读则是在读的过程中有所取舍，跳跃式地前进，只停留在那些最有价值的内容上阅读，其他次要内容则大段大段甚至整页整页地略过。所以，善于运用跳读法阅读，不但可以提高阅读速度，而且能够很快抓住关键，把握文章要旨。跳读的具体方法有多种：可以抓住标题、小标题、黑体字等关键处跳读，这些往往是文中主要内容、中心题旨所在；可以根据关键词语的提示进行阅读，有关键词语的地方大多是同阅读者所关心的内容或问题联系最密切的；可以重点在篇章的开头、结尾，文中段落的首句或尾句跳读，这些常常是议论性文体的主要观点或论据要点的所在；可以沿着情节发展线索跳读，如在记叙文体中情节之外的纯粹对景物、人物的大段静态描写可直接略过；可以根据语法结构的提示跳读，通过结构词语的帮助来把握书中的思路，如"由此看来""总之"等就可提示读者很快找到关键性的总结句。

4. 寻读法

寻读法是指为得到急需的有关资料，在众多相关书籍、资料中搜寻查找的一种快速阅读方法。寻读法是日常工作和学习中经常使用的一种快速阅读方法。我们在词典中查阅某个字词的意义或读音；在报纸上查看当天的重要新闻；在电视报上了解想看的电视节目；在产品说明书中查找某个故障的排除方法；在某本书中通过目录提要寻找自己最感兴趣的内容；在写作中搜集需要引用的有关资料等时，都会自觉不自觉地用到寻读法。寻读时，要在快速扫视书页的过程中，能够很快地对自己所要查找的某些问题的细节，如人名、地名、事件、年代、概念术语等，作出识别判断。这种快速筛选识别信息的能力，需要在阅读实践中不断锻炼提高。

5. 猜读法

猜读法是指在读书或文章时，以所了解的题目或已看的前文作为前提，对后面的内容预作猜想，然后将其与后文实际内容进行印证比较的一种阅读方法。读者在运用猜读法进行阅读的过程中，可以将自己想象成作者，并设身处地地考虑作品内容的安排，这就使读者阅读活动始终处于高度活跃的积极思维状态，有助于锻炼提高读者的认识判断能力、创造能力。随着猜读准确性的提高，读者在阅读中领会把握作品内容的时间就会大为减少，因而猜读的能力对提高快速阅读能力也会起到重要的促进作用。另外，中小学生在运用猜读法时需要注意，猜读要以原文的某些材料作为依据，不能毫无依据地凭空乱想。猜想之后，要在原文的相关处重点阅读，将猜想的内容与原文的内容进行对照，如果一致，则说明自己较为准确地理解了作品；如果不一致，则说明自己的理解或作者对内容的处理有问题。在多次的猜想、比较、总结中，中小学生的猜读能力会不断提高，思维能力与创造能力也会得到很好锻炼。

马克思和拿破仑速读的故事

无产阶级的伟大导师马克思是一位名副其实的速读高手，他读书的速度奇快：为了写《资本论》，他阅读了1500多种书，在书中引用了十几个学科、数百个作者的观点，留下了100多本读书笔记。勤奋是一方面，但假设他没有高超的速读能力，完成如此艰巨的工作几乎是不可能的。可以说正是由于他具有异乎寻常的速读能力，才有可能在所研究的每个领域都涉猎了无数有用的资料。他有极为丰富的哲学、政治经济学、历史、法律等社会科学知识，对文学艺术也有极高的修养，海涅、歌德、但丁、巴尔扎克、莎士比亚等作家的作品，他如数家珍，随口吟诵。他几乎能掌握欧洲一切国家的语言，能用流畅的英语、法语著书立说，对自然科学也有很深造诣。他运用快速阅读的方法，在头脑里储存了取之不尽、用之不竭的信息和资料，使他的头脑成为一艘"整装待发"的战舰，随时准备开往任何一片思想的海洋。

法国军事家、政治家拿破仑也是一个酷爱读书，并且有着惊人的记忆能力和快速阅读能力的人。他能在一天内读完20本书，即使外出或率军队远征，也要让人带几十箱书籍来供他阅读。在一次和俄国沙皇作战时，拿破仑被打得落花流水，他的书也被俄军缴获。回国后，

拿破仑凭记忆开出清单，派人重新购置，当人们将清单和上次的书单核对时，发现竟然一模一样，无一差错和遗漏。

五、反复阅读法
——读书百遍见真意

反复阅读法是一种很有效的读书方法。儒家学派的创始人孔子最早提出了书要反复阅读的主张，他认为："学而时习之，不亦说乎？"孔子读《周易》时，曾把穿竹简用的牛皮绳磨断了好几根，这就是历史上著名的"韦编三绝"的典故。现代著名作家茅盾也曾指出："读名著起码要读三遍，第一遍最好很快地把它读完，这好像在飞机上鸟瞰桂林城全景；第二遍要慢慢地读，细细地咀嚼，注意到各章各段的结构；第三遍，就要细细地一段段地读，领会、运用，这时要注意到它的炼字炼句。"读书只读一遍，即使是十分留神，专心致志，也还可能会把一些知识，有时甚至是文章的重点精华忽略过去，特别是一些文学名著或专业书籍，读一遍就想把它全部消化理解，并且永远记住，这是不可能的。只有进行反复阅读，才能真正吃透书中的内容，真正地将书中的知识转化为自己的东西，做到融会贯通。对于处于"知识学习黄金期"的中小学生来说，反复阅读显得尤为重要。

反复给你的阅读增加力量

1. 反复阅读可以增强记忆

人的记忆的过程就是在和遗忘作斗争的过程，重复阅读是一种增强记忆的有效手段。生理学家告诉我们，人的神经之流多活动一次，留在大脑中的印象也就加深一层。这好比是在石板上刻字，必须一刀复一刀才能完成，而雕刻在记忆上的石碑是岁月蚀不掉、冲不走的。在记忆的识记、保持、再认、重现四个过程中，初读只是识记过程。

如果只是满足于读过了、看懂了，而不再复习，那么很快就会忘记了。只有依靠重复，才能完成记忆的其他三个过程。

王安石是个学习非常勤奋刻苦的人。他在读书时有个良好的习惯，喜欢翻来覆去地读上几十遍，所以他的记忆力非常惊人。有一回，苏轼前去拜访他，王安石打开书橱，让苏轼从二十四个橱中任取一册，请他念出上句，由自己接答下句。苏轼心想，他可真是迂腐，难道这么多的书他都装到腹中了，便只拣灰尘多的地方抽出一本连书名也不看，翻开就念："如意君安否？"王安石随口便答："窃已啖之矣。"苏轼顿时惊讶得说不出话来。

2. 反复阅读可以深化理解

古语有云："书读百遍，其义自见。"我们初读一本书时，常会碰到一些疑难之处，然而在读了三遍、五遍、十遍、二十遍……以后，就可能在多次的反复中由不懂到懂，由纷纭迷茫到理出头绪，从而对书的内容做到全面深入的理解。列宁有一次为青年作《论国家》的演讲时说："你们听了这个问题，应该把自己不了解或不明白的地方记下来反复研究，将来在看书、听讲和谈话中继续把它们弄清楚。……第一次阅读不明白的地方，下次再读的时候，或者后来从另一个方面研究这个问题的时候就会明白的。"许多书籍，尤其是经典著作，内容丰富，意义深邃，不是只读一遍就能理解的。俄国著名文学评论家别林斯基在谈到俄国著名作家果戈理的小说《死魂灵》时说："如同一切精深的创作一样，《死魂灵》不是第一次阅读就能完全了解的。……第二次阅读它时，完全像阅读一本新的、从来没有看过的著作一样。"同时，在重复阅读的过程中，中小学生能很好地将已学的知识同所获得的新知识联系起来，因为新知识和已有知识是互相关联、互相渗透的，对已有知识理解得越深越透，吸收新知识的能力就越强；而获得了新的知识，反过来又能贯通和巩固已有的知识，以至发展和创新已有知识。

反复阅读的不同形式

反复阅读的形式是多种多样的，从内容上看，我们大致可以把它分为全面反复、重点反复和倒转反复三种。

1. 全面反复

所谓全面反复就是把已经读过的书从头到尾重新看一遍。全面反复不是最佳的反复阅读方法，但它却是反复阅读的基本形式，是反复阅读的第一步。这种方法对于只看过一遍而印象依然十分模糊或者基本上还没有读懂的书，还是行之有效的。我国古人读书就常用这种方法。如明清时代一些学者为了钻研历史，不惜下苦功把《史记》《汉书》乃至《资治通鉴》从头到尾一字不漏地抄下来。

明朝文学家张溥由于记忆力欠佳，读过的书很快就忘掉了。后来他给自己作了一个规定：每读一篇文章就整整齐齐地抄一遍，一边抄一边在心里默诵，抄完后读一遍就烧掉，重新再抄一遍。这样重复七八次，对文章的记忆就很牢固。为了勉励自己，张溥甚至把自己读书的屋子取名为"七录书斋"。

北宋天文学家苏颂，总结水车、筒车、凸轮等机械原理，设计的自动化天文仪器"水运仪象台"为世界上第一座天文钟。他博览群书，尤其对历史知识记得滚瓜烂熟。苏轼曾经向他请教读书经验，苏颂道：我曾经按照年月排列史实，这样编写了一遍，以后又在史实下面注出年月，这样又编写了一遍，编来编去自然就熟了。

虽然全面反复有着很多好处，但是由于花费时间太多，有时还会淹没重点，如果对全书已经基本理解，就没必要采用这种方法读书了，那就应该采用另一种反复方法——重点反复法。

2. 重点反复

每一类书、每一本书，乃至每一个章节中都有它的主要内容和重点部分。反复读书法所强调的反复，从根本上来说是指文章的主要内容和重点部分的反复。唐朝的文学家韩愈在《进学解》里谈到读书时说："记事者必提其要，纂言者必钩其玄。"意思是说，对叙事的书，必须掌握它的要点；对说理的书，必须探索它的主旨。南宋理学家朱熹也说，对重要的书和文章的核心部分，应当"从头熟读，逐字训释，逐句消详，逐段反复，虚心努力，且要晓得句下文意"，要"使一书通透烂熟，都无记不起处，方可另换别书，乃为有益。若但轮流通念，而复之不精，则也未免枉费工夫也。"

北宋著名文学家苏东坡被贬为黄州团练副史时，与司农朱载上结为知己。一天，朱载上前往苏轼住处探望，通禀许久，还不见东坡出迎，朱载上走也不是，留也不是，十分尴尬。好半天，苏东坡才出来接待，并抱歉地说："刚做完'日课'，失敬得很。"朱载上一听，很惊奇，忙问："先生的'日课'是什么呀？"苏轼回答说："抄《汉书》。"朱载上更为诧异，说："以先生之才，开卷一览，就可终生不忘，还用得着手抄吗？"苏东坡笑着说："不，不。我读《汉书》，到现在已经亲手抄三遍了。开始是读一段抄三字为题；第二遍抄两字，现在只抄一字。"朱载上要看一下苏东坡的笔记，苏东坡便让人拿来。朱载上随便念一个字，苏东坡应声背诵题下文字，没有一字差错。朱载上敬佩不已。

南宋时有个人叫陈正之，很想成为一个大学问家。他读书又快又多，但学到的东西却很少，所以常常为此苦恼。一天，他路遇朱熹，便向朱熹请教读书之道。朱熹针对他读书的弱点劝他："以后读书，每次只读50个字，连读两三百遍，每遍皆用脑思之。"陈正之用这个方法读书，过了些日子，果然收效甚大，后来真的成为一个大学问家。

上面的两个例子，讲的都是重点反复读书法。我们要注意的是，反复读书法必须有个正确的前提，就是必须懂得并且抓住文章的重点，否则鱼目混珠，反而弄巧成拙。而要抓住文章的主要内容，领会其精神实质，往往也不是读一遍书就能办得到的，它也需要一个反复的过程，从这个意义上讲，全面反复和重点反复二者之间的关系是对立统一、相辅相成的。

3. 倒转反复

读书要循序渐进，但反复却不一定要绝对遵循这个格式，在很多情况下，采取倒转反复，效果反而更好。所谓倒转反复，就是打破书本章节的原有结构顺序，而采取与之不同顺序的复习方法。如：书本上介绍知识的顺序是纵的，可以从横的方面去反复；书本上介绍知识的顺序是横的，可以从纵的方面去反复；甚至可以采取倒过来从尾复习到头的顺序。日本早稻田大学教授福井重雅说过："读书不妨逆读。"他认为第一遍从头读，第二遍就从最后一章逆读。因为通过倒逆读书的方法，从一开始就知其中心内容，进而溯本求源，可以加深对问题的理解。而反复运用顺读和逆读的方法，又会使学习效果倍增。运用倒转反复阅读法时要注意书本内容的内在联系和倒转的逻辑性，不要随心所欲，乱读一气。

名人故事小链接

毛泽东反复读书的故事

毛泽东提倡读书要"三复四温"。在日常生活中，毛泽东对喜欢读的书，一遍又一遍地研读，一次又一次地加深理解。每读一遍书，他习惯在封页上画上一个圈。从中南海故居保留下来的书籍中，我们可以看到许多书的封页上画有四、五个圈。有些书，页面上留有红、蓝、黑各色笔迹的图画批注，这是毛泽东不同时期反复阅读留下的手迹。一些重要的马列著作、马克思主义哲学以及党史类、文学类的著作，他更是反复研读。如《联共（布）历史简明教程》、李达的《社会学大纲》，他都读了10遍以上。对于《红楼梦》，毛泽东读得更仔细，并且至少读过 10 种不同版本。

六、背诵阅读法
——倒背如流丰积累

背诵是指不看原文凭记忆而念出读过的文字的读书方法。它是阅读中的一种重要形式。著名文艺理论家、美学家、教育家朱光潜先生在《从我怎样学国文说起》中是这样谈自己对"背诵"的看法的："私塾的读书程序是先背诵后理解。在'开讲'时，我能了解的很少，可是熟读成诵，一句一句地在舌头上滚将下去，还拉一点腔调，在儿童时却是一件乐事。我现在所记得的书，大半还是儿时背诵过的，当时虽不甚了了，现在回忆起来，不断地有新领悟，其中意味，确是深长。"著名散文家、学者梁实秋在《岂有文章惊海内》中也说："我在学校上国文课，老师要我们读古文，大部分选自《古文观止》《古文释义》，讲解之后要我们背诵默写。这种教学法好像很笨，但无形中使我们认识了中文文法的要义，体会撷词练句的奥妙。"背诵对于中小学生的阅读和语文学习来说，都是非常重要的一种方法，都会起到很大的促进作用。

勤于背诵好处多

1. 背诵是"记忆力的体操"

实践证明，人的记忆力和肌肉一样，只有锻炼才能增强。懒于记忆，从不背诵的人，记忆力不可能优良。

德国大文豪列夫·托尔斯泰之所以博闻强记，并非他有什么"特异功能"，而是他坚持每天做"记忆力体操"的结果。他曾经说过："背诵是记忆力的体操。"对此他身体力行，每天清晨起床后都要背诵一些必须记住的知识，这样才使他如此博学多闻，写出了像《战争与和平》《安娜·卡列尼娜》那样的不朽著作。

相关研究表明，人的大脑越用越灵活。中小学生在反复的诵读背诵中，他们大脑的记忆力会得到增强。另外，心理学研究表明，中小学生在背诵过程中，会自动地对文章进行分析、综合、概括，在加深对文章理解的同时，他们的思维能力、记忆能力都会得到发展。

2. 背诵有助于促进理解

古人所说的"书读百遍，其义自见"，这里的"读"不仅指朗读，也指背诵。背诵能够促进理解，但是不能死记硬背。中小学生只有在了解文意的基础上进行背诵，才能事半功倍地将要背诵的内容记下来，并且能促进对文章有更深刻的理解。

3. 背诵是语言积累的重要途径

一个人的聪明才智从某种意义上讲取决于头脑中记住的知识的数量和质量。因为储存在头脑中的知识是人们进行思考和表达的依据。"储存"就是将输入的知识信息最大限度保留在人们的记忆里而不是本本上。对于中小学生来讲，不能储存，学习活动就无法深入发展。不断储存，逐渐积累，就是语文学习的基本形式。而储存积累过程中尤为重要的方式，便是背诵。

我国的教育自古以来就重视熟读成诵、博闻强记。汉代扬雄在《答桓谭论赋书》中说："能读千赋，则能为之。"唐代大诗人杜甫留下了"读书破万卷，下笔如有神"的千古名言。"诗仙"李白"五岁诵六甲，十岁观百家"，为他后来成为杰出的浪漫主义诗人奠定了坚实的基础；著名作家鲁迅写文章不用查资料就能准确地旁征博引，得心应手，这与他青少年时期大量背诵古诗文是分不开的。现在许多中小学生，阅读分析能力不强，表达能力不强，其中一个重要原因，就是脑中无"米"，说起话来、作起文来当然困难，这其实都是缺少背诵的积累。通过背诵，可以积累丰富的语言材料，把别人的好作品融会贯通后，变成自己的东西，逐渐形成自己的语言能力和写作能力。

背诵时应注意的问题

第一，要在理解内容的基础上背诵。对于中小学生来说，需要他们背诵的段落和篇目都具有层次清楚、语言优美、感情丰富的特点。中小学生在背诵的过程中，应该首先在理解全文内容的基础上，理清文章的层次和作者的思路，边思考边背诵，这样不仅可以节省时间，而且能够提高背诵效果。

第二，背诵时要专心，做到眼、口、心、脑一致。中小学生在背诵时，应做到眼要看清，口要读准，用心想每句话的意思，用脑去记忆。只有背诵时全神贯注，才能提高背诵的效率，并且记忆的效果也会更好。

第三，背诵时要从整体入手，再分散难点。从整体入手，就是指中小学生应该把要背诵的内容先整体读几遍，这样头脑中有了总的印象，了解了句与段、段与篇的关系，再逐段背诵。在背诵时不要总是从头到尾地背，而应该分散难点，上下串联，这样才会取得更好的背诵效果。

第四，选择最好的背诵时间。相关专家指出，清晨与晚上 18 点到 20 点是记忆的最佳时间，此时人的头脑清醒，记忆不受其他干扰。另外，还要掌握分散记忆法，又叫间隔记忆法。即：背几遍书后，可以做几道数学题，过三四天再背一遍，这样就可由短期记忆变为永久记忆了。

背诵方法工具箱

1. 提纲挈领法

古人云："举一纲而万目张。"文章的"纲"便是文章的脉络，而文章的脉络又体现着作者的写作思路。所以，中小学生在背诵某篇文章时，一定要根据作者的写作思路和行文顺序顺藤摸瓜，由句到段，由段到篇，前勾后连，上递下接，环环紧扣，连绵不断。这样，不但背得快，而且记得牢。只要我们按照作者的写作思路和行文顺序边读边想，边想边背，背诵也就不太困难了。

2. 关联词提示法

关联词不但能体现复句关系和句群关系，而且能体现议论文的内在联系。有人说，关联词是议论文的语言轨迹。因此，及时把握关联词这个"语言轨迹"，对背诵议论文是有很大帮助的。例如，梁启超的《少年中国说》，文中有这么一段："彼与此世界作别之日不远矣，而我少年乃新来而与世界为缘。……使举国之少年而果为少年也，则吾中国为未来之国，其进步未可量也；使举国之少年而亦为老大也，则吾中国为过去之国，其渐亡可翘足而待也。故今日之责任，不在他人，而全在我少年。"这段文字中含关联词"……而……使……则……使……则……故……而……"其中第一句中的"而"连接两个分句，表转折关系。第二句中的"使……则……使……则"构成两对关联词，分别表示假设关系。第三句中的"故"连接上下两个句子，表因果关系；"而"连接两个分句，表转折关系。我们只要把握住这些关联词，弄清它们表示的关系，边想边背，句句衔接，环环紧扣，背诵这段文字也就不大困难了。

3. 辞格勾连法

对于中小学生来说，需要背诵的篇目都是名家名篇，而这些名家名篇在修辞格的运用上自有独到之处。因此，从背诵文章所运用的修辞格入手，采用上勾下连的方式，往往可以收到意料不到的背诵效果。例如，《口技》中有一段文字先用排比句式"百千……百千……百千……声……声……声"，接着用"顶针"句式"人……手，手……指……人……口，口……舌……"生动地描写了发生火灾时人们惊恐万状的忙乱场面。所以，我们只要按照作者所用的这种修辞格的句式特点逐句对照，上勾下连，背诵文章同样是不太困难的。

4. 听录音背诵法

生理学家认为，让视觉和听觉共同参与记忆，要比单用视觉和听觉，提高记忆效果 30%—40%，这种记忆方法，人们称为"协同记忆法"。根据这一理论，在练习背诵时，可适当播放该篇文章的录音，使学生一边读，一边听录音，从而形成记忆信息的双向刺激，以强化记忆效果，提高背诵效率。

名人故事小链接

杰克·伦敦背诵的故事

杰克·伦敦是美国著名的现实主义作家，他的作品不仅在美国本土广泛流传，而且受到世界各国读者的欢迎。

杰克·伦敦自幼生活贫困，从 10 岁起就不得不半工半读，但他非常爱读书，只要有可能，他就会把时间都用在读书上。由于没有机会进入学校进行系统的学习，为了掌握文化知识，他争分夺秒地勤奋学习。他发明了"纸条背诵学习法"，并且严格地执行着。每天睡觉前，他默诵着贴在床头的小纸条；第二天早晨一觉醒来时，他一边穿衣，一边朗读着墙上的小纸条；刮脸时，背诵镜子上的小纸条；在踱步休息时，他一边回忆小纸条上的内容，一边到处寻找启发创作灵感的词汇和资料。不仅在家里是这样，外出时也一样。外出的时候，杰克·伦敦把小纸条装在衣袋里，只要一有空就随时随地掏出来加以朗读。日积月累，他不仅学到了文化，而且积累了大量的词汇，建立了储存写作素材的"参考阅览室"，再

加以灵活运用，因此，也写出了一部部光辉的著作。

七、标记阅读法

——不动笔墨不读书

标记阅读法是指在读书过程中及时将心得体会在书中的空白处进行注解和写批语的阅读方法。人们在读书过程中，常常会读出书中的"文眼"、要点和主题，有时会因内容而触类旁通、有感而发。这时，最好及时在书中的有关内容旁加以批注，从而加深对文章的理解。自古以来，我国的文学鉴赏和文学批评都在采用这种方式。

南宋理学家朱熹对"标记阅读法"特别推崇，他对重要的书，初读时把有体会的地方用红笔勾出；再读时把有体会的地方用青笔勾出；以后读的时候又用黄笔勾出；读三四遍后再用黑笔勾出，如此反复精读的结果是"渐渐向里寻到精英处"，真正掌握书中之精髓。

清代著名学者顾炎武读了45年书，总数达几万卷。他读书的一个特点是人们赞誉的"越读越厚不嫌多"。因为他读书时特别喜欢在书上加添释解批注，补充参考材料，这样从外观上看，书是越读越厚了，更重要的是内容的充实上，掌握得更厚重全面了。

标记读书常用的方法包括圈点和批注两种。

圈点——圈圈画画促记忆

圈点是指在书上根据自己的认识和需要用符号做出标记，表示重点、强调、提醒、疑问、感叹等作用。每一本书或一篇文章，都有它的中心思想；每一节、每一段也有它说的主要问题。有的部分是主要论点，有的是说明这些论点的论据；有的是主要材料，有的是次要材料；有精彩的描写，也有一般的叙述。书中的话，并不是句句都是同等重要的。因此，在读书的时候，就要用记号标出书中的着重点，其中包括需要注意的字、词、句、段，格言警句，一些似懂非懂需要反复琢磨的段落，以及对自己来说是新鲜的观点或材料等。常用的圈点符号包括以下几种：

1. 标记重点字、词

用于标记重点字、词的符号也叫着重号，着重号一般标记在重点字或词的下面。

常用的着重号有：△·○

对于这几种标记符号的用法，中小学生还可以继续给予分工，使它们专门化，比如用"△"表示生僻难记的词汇，用"·"表示重点掌握的词汇，用"○"表示绝妙好词等等。

遇上生字，中小学生一定要查字典或词典，可以根据注音查字法或部首查字法等方法，弄清楚它的读音、意思以及用法。然后，把它的读音和意思标记在书上，以便随时复习，还可以帮助记忆。千万不能囫囵吞枣，把不认识的字或词汇放过去，现在偷懒，再遇上还是不会。

2. 标记重要句子

对于文章段落中的关键语句、警语、名言、精彩的句子，可以在这句话的下面标记符号，以便今后重新翻阅时容易发现。

常用标记重要句子的符号有：

＿＿（单线段）

＝＝（双线段）

〜〜（波浪点号）

⋯⋯（连续点号）

3. 表示疑问

对书中某个字句或说法产生怀疑，可以使用疑问号——"？"，在旁边标示出来（旁标），同时也可以写下自己产生疑问的理由或根据。

4. 表示感叹

当读到文中的某个地方，特别有感触以至发生感叹，可以使用惊叹号——"！"，甚至连用数个惊叹号——"！！！"。

5. 表示同意或不同意

当读到文章某处，对作者的说法表示很同意，可以画对号——"√"；如果表示不同意作者的说法，可以画错号——"×"。

6. 用于划分段落层次

中小学生在阅读一篇文章时，可以先给它划分段落层次。一篇文章由若干部分内容组成，每部分又由若干自然段组成，这些层次，可以用数字形式来划分开来。

常用的数字形式有：

一、二、三……

1、2、3……

（1）、（2）、（3）……

Ⅰ、Ⅱ、Ⅲ……

对于文章中某个较长的自然段，中小学生可以继续划分出几个层次，以便弄清楚作者说理的条理性，分析语句之间的逻辑关系，总结共有多少层含义。这时，常使用的符号有：

｜（单竖线段）

‖（双竖线段）

中小学生可以用双竖线段表示大层次，用单竖线段表示小层次。

上面介绍了一些常用的标记符号，中小学生也可以根据自己的需要来编制一套自己的标记符号。比如，地名一律用波浪线，人名都使用方框框起来，用双线段表示排比句等等。但应该有一定的规划，保持前后的固定和一致，以便于记忆以及根据所标记的符号在日后做查寻。

要注意的是，做这些标记符号时要力求清楚明了，不能混乱无序。还要注意，不能在每个字、词或每句话下面都加标记符号，那样也就突显不出重点了，反而让人看起来费劲。同时，中小学生可以使用多种颜色的笔来做各种标记符号，这时更要有条不紊，否则，一页纸涂下来，便成了一块"花布"。

批注——只言片语记心得

批注指的是阅读时在文中空白处对文章进行评价和注解，作用是帮助自己掌握书中的内容。评价式批注是我国文学鉴赏和批评的重要形式和传统的读书方法，它直入文本、少有迂回，多是些切中肯綮的短词短句，是阅读者自身感受的笔录，体现着阅读者别样的眼光和情怀。明末清初著名文学批评家金圣叹点评批注《水浒传》，寥寥数语，或画龙点睛，或剔肉见骨，无不独有新见，写尽文字风流，成为研究古典小说的重要资料。

金圣叹评点《水浒传》（《林教头风雪山神庙》节选)

（楷体字为原文，黑体字为评点批注内容）

只说林冲就床上放了包裹被卧【细细写】，就坐下生些焰火起来。【火字渐写得大了。题是火烧草料场，读者读至老军向火，犹不以为意也；及读至此处生些焰火，未有不动心，以为必是因此失火者；而孰知作者却是故意于前边布此疑影，却又随手即用将火盆盖了一句结之，令后火全不关此。妙绝之文也。】屋边有一堆柴炭，拿几块来，生在地炉里。仰面看那草屋时，四下里崩坏了，又被朔风吹撼，摇振得动。【如画，便画也画不来。第一段先写寒意，第二段写身上寒，第三段方写到酒。】林冲道："这屋如何过得一冬？待雪晴了，去城中唤个泥水匠来修理。"向了一回火【火字奕奕】，觉得身上寒冷【第二段写身上寒】，寻思："却才老军所说【语意妙。正不知文生情，情生文也！】，五里路外有那市井，何不去沽些酒来吃？【第三段方写到酒。只此一段，何等段落。】"便去包裹里取些碎银子，把花枪挑了酒葫芦【花枪挑葫芦。人看至此名，虽极英灵者，只谓手冷故用枪挑耳。岂知顷间之用之?】，将火炭盖了【写出精细，见非失火，前许多火字，都是假火，此句一齐抹倒，后重放出真正火字来】，取毡笠子戴上，拿了钥匙出来，把草厅门拽上；出到大门首，把两扇草场门反拽上锁了；带了钥匙，信步投东，雪地里踏着碎琼乱玉，迤逦背着北风而行【背着风去】。

那雪正下得紧【写雪妙绝】，行不上半里多路，看见一所古庙，林冲顶礼道："神明庇佑，改日来烧纸钱。"【妙绝奇绝，安此一笔。】又行了一回，望见一簇人家。林冲住脚看时，见篱笆中挑着一个草帚儿在露天里。林冲径到店里。主人道："客人那里来?"林冲道："你认得这个葫芦么?"【一来省，二来趣。】主人看了道："这葫芦是草料场老军的。"林冲道："原来如此。"店主道："既是草料场看守大哥，且请少坐；天气寒冷，且酌三杯，权当接风。"店家切一盘熟牛肉，烫一壶热酒，请林冲吃【挪延到雪重屋塌也】。又自买了些牛肉，又吃了数杯，就又买了一葫芦酒，包了那两块牛肉，留下些碎银子，把花枪挑着酒葫芦【花枪挑葫芦】，怀内揣了牛肉，叫声相扰，便出篱笆门，仍旧迎着朔风回来【迎着风回】。看那雪，到晚越下得紧了。【写雪妙绝。】

批注按位置可以分为眉批、旁批、尾批三种。眉批一般标注在书眉处，多是对某一处文章的评论。它和圈点的作用差不多，但比圈点更具体、更明确。旁批一般标注在字、词、句的旁边，书页的右侧，是用以解释字句或内容的，也可以写简单的心得、体会、评语、疑问或是内容提要等。尾批一般标注在文段或全文的结尾，是对文段或全文的总结。

批注的内容很多，大致可以分为四类：（1）注释：遇到难懂的字词查工具书弄明白并写在书的空白处，便于记忆。（2）提要：用精练的语言把某段的中心意思记在书的天头或地脚上，便于把握文章的脉络，也便于复习。（3）批语：读书时产生的感想、疑问，随时记在空白处。（4）警语：发现重要的地方，为提醒自己，可批注上"注意""重要""用心记住"等字样，可使自己注意力集中。

书页的空白处是有限的，所以要求批语要言简意赅！

对于中小学生来说，经常会接触到的批注形式包括感想式、质疑式、评价式、补充式。下面以著名文学家鲁迅的散文《藤野先生》为例，具体介绍这几种形式的批注。

（1）感想式。感想式批注指的是阅读者写出读完全文或某一处时生出的感想，引发的感悟。

"万岁！"他们都拍掌欢呼起来。这种欢呼，是每看一片都有的，但在我，这一声却特别听得刺耳。此后回到中国来，我看见那些闲看枪毙犯人的人们，他们也何尝不酒醉似的喝彩，——呜呼，无法可想！但在那时那地，我的意见却变化了。【杀中国人而中国人却喊万岁。鲁迅先生看到同胞们如此麻木，内心该是如何的郁愤、难过！由此便可理解先生最后为何要弃医从文，去疗救人们精神上的疾病。】

（2）质疑式。质疑式批注指的是阅读者在阅读时针对自己产生的疑问而做的批注。如思想、观点是否有偏颇，事例是否确凿可信，词句是否都准确、得体，行文是否合理顺畅等。

大概是物以希为贵罢。北京的白菜运往浙江，便用红头绳系住菜根，倒挂在水果店头，尊为"胶菜"；福建野生着的芦荟，一到北京就请进温室，且美其名曰"龙舌兰"。【作者写这段话一连举了几个例子，似乎是闲笔无用。与自己在日本的生活有何关系呢？从下文看，似要说明自己在东京受到了优待，那么这是真优待，还是利用反语点出自己受歧视？从藤野先生和那些狂热的日本青年来看，这两种可能都有吧？】

（3）评价式。评价式批注指的是阅读者对阅读内容、作者的手法、表达效果进行评价。

东京也无非是这样。上野的樱花烂熳的时节，望去确也像绯红的轻云，但花下也缺不了成群结队【无所事事的样子】的"清国留学生"的速成班，头顶上盘着大辫子，顶得学生制帽的顶上高高耸起，形成一座富士山。也有解散辫子，盘得平的，除下帽来，油光可鉴【刻画细致，确是讽刺妙语】，宛如小姑娘的发髻一般，还要将脖子扭几扭。实在标致【用"标致"，实是反语，极尽讽刺这些人的不学无术，还自我感觉良好，到处招摇。鲁迅先生刻画人物入木三分，穷形尽相】极了。

（4）补充式。补充式批注指的是阅读者对阅读内容进行的补充、联想、迁移。

这藤野先生，据说是穿衣服太模胡了，有时竟会忘记带领结；冬天是一件旧外套，寒颤颤的，有一回上火车去，致使管车的疑心他是扒手，叫车里的客人大家小心些。【此处写藤野先生穿着马虎，前文写他的外貌，也与此同类，而后文写他对于"我"所画血管图的纠正却显得他极认真。一边是马虎，一边是认真，人物性格鲜明，形象生动。再想到牛顿做实验时把怀表扔到水里煮，这是学者们因专心研究而时常发生的事吧。好笑又可敬可爱！】

列宁读书批注的故事

列宁酷爱读书，在紧张的革命斗争生活中，甚至在被捕、流放中仍然手不释卷。他读书时很喜欢在书页的空白处随手写下内容丰富的评论、注释和心得体会。有时还在书的封面上标出最值得注意的观点或材料。一旦读到具有较高学术价值的著作，他还在书的扉页上或封面上写下书目索引，特别注明书中的好见解、好素材及具有代表性的错误论断的所在页码。列宁把做批注视为一种创造性劳动，非常认真地加以对待，从不马虎草率。他一般使用铅笔批注，很少用钢笔。他写批注的过程，可以说是与书的作者探讨甚至激烈争论的过程。每当读到精辟处，他就批上"非常重要""机智灵活""妙不可言"等，读到谬误处，就批上"废话！""莫名其妙！"等等，有的地方则干脆写上"哦，哦！""嗯，是吗?！""哈哈！""原来如此！"等等。更有价值的是，列宁的重要著作《哲学笔记》就是由他在读哲学书籍时写的批注和笔记汇编而成的。它被公认为马克思主义哲学的经典著作之一。

八、思考阅读法
——学而不思也枉然

儒家学派的创始人孔子在春秋时期就在《论语·为政》中指出："学而不思则罔，思而不学则殆。"意思是只读书学习，而不思考，就会茫然而没有收获；只空想而不读书学习，就会疑惑而不能肯定。我们可以将这句话看做是孔子所提倡的学习方法。也就是一味地读书，而不思考，只能被书本牵着鼻子走，就会被书本所累，从而受到书本表象的迷惑而无法领会其真正的涵义。而只读书却不思考的人，就像是世界上最糟糕的图书馆一样，除了自己无法查阅外，对书籍来说也是一种浪费；也如同用煤炭铺路一样，而没有把煤炭的内部能量发挥出来。这也即是所谓"尽信书则不如无书"。相反，如果只是一味地埋头苦思而不进行一定的书本知识的积累，进而对知识进行研究推敲，也只能是流于空想，问题仍然不会得到解决，也就会产生更多的疑惑而更加危险。只思考不读书的人，即使是最具天才的思想家，他的思想很快就会枯竭。因此，只有把学习和思考结合起来，才能学到有用的真知。

有人将读书的人分为了四种类型，并分别作了形象的比喻：第一种读者好比计时的沙漏，读书像注沙，注进去，又漏出来，到头来一点痕迹也没有留下；第二种读者像海绵，什么都吸收，挤一挤，流出来的东西原封不动，甚至还脏了些；第三种读者像滤豆浆的布袋，豆浆都流走了，留下来的只有豆渣；第四种读者像宝石矿床的工人，用心分辨，把矿渣甩在一旁，只要宝石。我们读书，应该做第四种读者，肯下工夫，"用心分辨"，以期获得"知识的宝石"。

思考对于读书的重要性

苏联著名教育家苏霍姆林斯基说过："学生来到学校，不仅仅是为了获得知识的行囊，而主要是为了变得更聪明。因此，我们主要的努力不应用在记忆上，而应用在思考上。所以真正的学校应是严格积极思考的王国，必须让学生生活在思考的世界里。"有的学生家长经常会发出这样的疑问，自己的孩子每天都在看书，可是每次考试成绩怎么还是那么差呢？这里面关键看有没有去理解。如果一个人每天看了很多书，但是根本不知道看的是什么，那么读再多的书又有什么用呢？所以要想提高中小学生的阅读理解能力，必须首先提高他们在阅读中的思考能力。可是现在很多中小学生之所以读书，是因为那是老师布置的学习任务，所以必须要完成，否则会受到批评，至于老师为什么让自己看书，自己看过之后有什么样的收获，那是根本不会去考虑的，更不会去想这篇文章作者的写作意图、写作特点、选材等方面的问题。还有的同学，眼睛虽然是在看书的，可是心里在想什么只有天知道了。南宋理学家朱熹曾经说过："读书有三到，谓心到、眼到、口到。心不在此，则眼不看仔细，心眼既不专一，却只漫浪诵读，决不能记，记亦不能久也，三到之中，心到最急。心既到矣，眼口岂不到乎？"从中我们能够看出，思考在阅读中所起的重要作用。

德国著名科学家爱因斯坦曾经强调："人们解决世界上的所有问题是用大脑的思维能力和智慧而不是搬书本。"实践证明，只有把读书与思辨紧密结合起来，才能把所读的书转化成自身的素质，成为自己的财富，从而增强自身判断是非、提高解决实际问题的能力，成为智慧而有修养的成功者。否则的话，即使书读得再多，也只不过是在"读死书"，即使学问再渊博，也很可能就是一个"知识的搬运工"。多读书能增加知识，提高见识，陶冶情操。但是英国文学家培根也曾说过："读书过多易惰。"这里的"惰"一方面指的是缺少经验疏于世事，即所谓两耳不闻窗外事；而另一方面指的是在阅读中只顾一味地读而不进行思考，尤其是联系现实问题加以思考，因为只有思考，才能从书中读出一些有价值的东西来。对于一个真正的读书人来说，尤其要提防这种思考上的"惰性"。对此，德国哲学家叔本华在《论阅读和书籍》一书中也指出："如果一个人几乎整天大量阅读，空闲的时候则只稍作不动脑筋的消遣，长此以往就会逐渐失去自己独立思考的能力，就像一个总是骑在马背上的人最终就会失去走路的能力一样。许多学究就遭遇到这种情形，他们其实是把自己读蠢了。"

总之，读书与思考就如同事物与自己的影子一样，如影随形，是分不开的。只读书不思考，则读书便觉得乏味；只思考不读书，则思维会因缺少源头而干枯。因此，必须将读书与思考结合起来，一边读一边思考，取其精华，去其糟粕，这样才能使读到的知识成为自己的知识，才是有效的读书方法。

阅读中思考的方法

1. 未读先思法

未读先思法指的是阅读者先根据文献的题目、章节标题进行思考，构成一本书的轮廓，然后再细读原文，边读边与自己推想的那本书进行对比、印证，研究二者之间的差距，并更进一步加深对书中内容与表达形式的理解。

2. 正读反思法

正读反思法指的是阅读者在阅读中通过积极思维，从正反两个方面理解和评价文章，从而更深刻地理解原文的一种评判性阅读方法。正读，是指首先要正确地理解文章的本意。反思，就是朝着与习惯性思维相反的方向进行思考，或者提出与作者不同的论点和论据，进行不同的论证。

3. 读后再思法

读后再思法指的是阅读者先读原文，正确理解原文，再动用自己的原有知识进行综合分析，然后吸收其精华，充实自己的知识存储，或修正其谬误，提出自己的见解。运用此法时应注意：读原文时不能抱有偏见，避免先入为主；分析时要全面，敢于质疑；提出自己见解时要慎重，力戒草率。

4. 掩卷凝思法

掩卷凝思法指的是阅读者读后再想的一种阅读形式，即在读完一章一节文字或全书后，合上书本，继续凝神思索，复现、回味书中的内容，或默默探寻某种深意及解决某种问题的途径和方案等。这种方法对于增强中小学生对书中内容的理解与记忆，或根据书中内容发现问题、解决问题都有很好的效果。

九、实践阅读法

——"动手读书"好处多

著名作家、教育家叶圣陶也说:"一定要把知识跟实践结合起来,实践越多,知道得越真切,知道得越真切,就能有指导实践的作用,不断学,不断练,才能养成好习惯,才能学到真本领。"读书必须联系实际。书本记载的知识毕竟是有限的,然而世界上的万事万物却是无穷无尽的。因此,中小学生在读书时,要想得到实用的知识,就必须把书本上的知识和实际生活联系起来。

实践对于读书的重要性

第一,只有通过实践,才能取得良好的读书效果。南宋大诗人陆游在《冬夜读书示子聿》一诗中曾写道:"古人学问无遗力,少壮工夫老始成。纸上得来终觉浅,绝知此事要躬行。"在这首诗中,他表达了对单纯读书的局限性的认识,强调读书必须与实践相结合。书本知识固然是人们实践经验的总结,但是对于读者来说,它毕竟是间接的,没有经过自己的亲身体验。因此单纯从纸上获得知识就难免流于肤浅。读书只有联系生活实际,自己亲自体会验证一下,认识才能由浅入深,把书本知识化为自己的血肉。

古往今来,读书能结合生活实际而获得真正知识的不乏其人。明代医学家李时珍坚持一边读书,一边行医采药,跑遍了祖国的名山大川,最后终于写出了具有极高科学价值的巨著《本草纲目》。清代学者顾炎武,抱定"行万里路,读万卷书"的宗旨,一边读书,一边做社会调查,撰写了具有真知灼见的《天下郡国利病书》。他们都是读书联系生活实际而取得成就的典范。

脱离生活实际死抠书本的人,在理解方面往往不能深入,学到的知识也常常不能融会贯通。著名的"纸上谈兵"的例子就证明了这一点。

战国末期，有一个叫赵括的人，他是赵国名将赵奢的儿子，自幼熟读兵书，谈起兵法来头头是道，连他的父亲也难不倒他。当时有不少人觉得他是个将才。后来秦国进攻赵国，大将廉颇奉命御敌。廉颇针对秦军来势凶猛的特点，采取了固守的策略，没有立即出战。赵孝成王听信谗言，认为廉颇年老怯弱，于是改派赵括为上将，到长平接替廉颇。赵括自以为熟悉兵法，一上来就照搬兵书上的条文，主动出击，结果中了秦军的圈套，全军覆没，赵括本人也死在乱箭之下。后人批评赵括这种读书不结合生活实际，只知夸夸其谈的学风，说他是一个只会"纸上谈兵"的人。

第二，只有通过实践，才能对书本知识作出检验和评价。"实践是检验真理的唯一标准。"就一般的书本知识来说，都是作者在彼时彼地经验的总结。但是，客观生活实际情况往往是千差万别和不断发展变化的，因此书本知识也往往是不完全的。我们从一本书中获得的知识是否正确，是否符合自己这里的生活实际，还要放到实践中去检验。如果认为只要是书上的东西都是对的，而不结合生活实际进行评价检验，就可能接受错误的东西。

第三，读书的最终目的是为了实践。作者把自己的实践经验写成书，其目的不是为了藏之名山，而是为了传之后人，用自己的经验去指导他人的实践。而对于读者来说，读书的最终目的不是为了了解知识，炫耀知识，而是为了运用知识。读书如果不是为了应用，就失去了读书的意义。而要应用，就必须联系生活实际。

通过实践读书的方法

1. 留心观察

留心观察，就是在实践中，时时留心，处处留意，要耳聪目明，做生活的有心人。德国著名哲学家费尔巴哈说："自然界是一本不隐藏自己的书，只要我们去读它，就可以认识它。"北宋著名科学家、政治家沈括，钻研一门学科时往往花费几年、十几年，甚至几十年的时间。他为了观察和测定北极星的正确位置，一连三个月没有睡好觉，每天夜晚对着浑天仪的窥管，紧盯着北极星，并画下三幅观察图，标明前半夜、半夜、后半夜北极星在天空中的位置。为了编制《守令图》，他花了十二年时间，实地考察好几个省，获得了确凿的资料，纠正了旧地图上的错误。

中小学生只有把观察和读书结合起来，才能把书读深读透，并能有所创造，否则，就会与许多宝贵的知识擦肩而过。

1826年，法国巴黎大学化学系的一名年轻的实验员巴拉在实验中发现了卤族新元素——溴。他的论文一发表，法国著名化学家李比希顿时愣住了，他懊悔莫及，恨自己缺乏严谨的科学态度，没有细心观察，竟让一项重大的发现从自己手边溜走了。原来，早在1824年，就有位德国厂商拿来一瓶红色溶液请李比希化验，想不到这位赫赫有名的化学大师竟没有认真观察、细心化验，轻率地下结论是"氯化碘"，并把这瓶溶液放进了药品柜，再也不过问。等到李比希读完巴拉的论文，重新把那瓶溶液拿出来化验时，他不由得震惊了，原来瓶内之物并不是"氯化碘"，而是"溴"。为了吸取这次沉痛的教训，李比希将这瓶溶液连同柜子一起放在实验室大厅显眼的地方，并贴上一张醒目的字条——"错误之柜"。

读书，要有科学的态度，切忌空谈，只有做到慎于思考、敏于观察、善于实践，才能有所收获。所以，俄国著名心理学家巴甫洛夫充满激情地说："应当先学会观察，不学会观察，你就永远当不了科学家。"英国细菌学家弗莱明更是感慨万千地说："我的唯一功劳是没有忽视观察。"所以当我们打开书本学习的时候，千万别忘了另一位"最好的老师"——大自然，它正殷切地等待着我们去拜访她呢！

2. 核对验证

核对验证就是在实践中，检验所学的知识是否正确，以便进一步掌握书本上的知识。陶行知以自己的名字诙谐地说："行是知之始，知是行之成。"这句话道出了"知"和"行"的辩证关系。一位科学家是否具有真才实学，提出的科学假说是否正确，不仅要看其逻辑推理是否严密，表述是否清晰，而且要看其实验的结果，以及这一结果与他提出的科学假说吻合的程度，最后才能判定它的科学价值。一位政治家是否具有才能，提出的理论、方针是否具有真理性，不仅要看这种理论的观点是否明确、文字是否生动，而且要看社会实践的需要，要用革命运动的实践去作最后的检验。认真的读者对任何知识都要问个为什么，并把它带入实践进行检验。这才是正确的读书方法。《禹贡》是战国时的一本权威性学术著作，书中认为"岷山导江"，即将岷山作为长江的源头，但明代著名地理学家徐霞客却经由实地考察，得出了金沙江是长江上源的新结论。可见，要对书本上的知识作出正确的判断，离开实践的核对与验证是寸步难行的。

3. 熟练掌握

熟练掌握就是通过反复实践，运用书本上的知识，达到得心应手的地步。著名革命家、教育家徐特立说过："只有书本知识，没有实际斗争经验，谓之半知；既有书本知识，又有实际斗争经验，谓之全知。"大家都有这种体会，如果我们学会了骑车、游泳，即使十几年不再接触也不会忘记。这是因为在实践中，人的大脑与专管运动的小脑同时活动，反复配合完成一件事，这样，就对这件事的每一个细小过程都记得清清楚楚，可以维持相当长的时间不忘，这就是熟练掌握的妙处。

明代的马锦原是金陵兴化部戏班一位出色的演员。一次，兴化部和另一个戏班华林部对台演出，演的都是反映"八谏臣"与奸贼严嵩父子作斗争的《鸣凤记》。可是演到一半，观众都跑到华林部台前去了，原来华林部一位姓李的演员把严嵩演活了。兴化部扮严嵩的马锦羞愧万分，当下卸装而去。三年后，马锦又回金陵，两个戏班再次对台演出，演的还是《鸣凤记》。这次戏演到一半，观众却都挤到兴化部台前来了，甚至连华林部的那位姓李的演员也跪倒在马锦面前，甘愿做他的徒弟。马锦这次为什么演得如此成功呢？原来，马锦听说当时的宰相顾秉谦与严嵩是同一类人物，便跑到京城当他的仆人，整整三年，每天伺候顾秉谦，仔细观察他的举止，琢磨他的言语，久而久之，对他的一举一动、一言一行，全都钻研得十分透彻，所以才把严嵩演得惟妙惟肖。

可见反复实践就能达到熟练掌握的目的，熟练掌握的关键就在深刻地理解和不断地反复。

4. 灵活运用

伟大领袖毛泽东曾说过："读书是学习，使用也是学习，而且是更重要的学习。"灵活运用就是在实践中，紧紧抓住那些与自己本身工作或业余爱好紧密结合的知识，深入探讨，反复实践，从而获得知识上的进展和提升。灵活运用不但要求在实践中将所掌握的书本知识巧妙地运用，而且要懂得一切以时间、地点、条件为转移，不能照本宣科，抱着前人的经验不放，那样就会犯教条主义的错误。前文提到的赵括"纸上谈兵"的例子就证明了这一点。当然，灵活运用也不能单纯从实用主义出发，还要注意知识的完整性和系统性。

十、古今名人读书法

王充的抄写读书法

王充是我国东汉时期的唯物主义哲学家、文学家。他幼年丧父，家境贫困，五六岁便开始读书，常到洛阳书铺读书，一读就能记诵。王充一生中大部分时间都在教授门徒和著书立说，著有《论衡》一书。全书共85篇，20余万字，是我国古代哲学史上一部非常重要的著作。

王充从小就喜欢读书，因家贫买不起书，就常常抄书。他还把读书中发现的有用资料统统记在自己的笔记里。为了读书方便，他常常把笔砚简牍放在窗台上、书架上、壁洞里，这样顺手就可以把遇到的、值得记录的东西通通记下来。经过几十年的努力，他积累了大量资料，并对这些资料进行加工整理和创作，写成了《论衡》一书。

抄录读书法的目的在于应用，王充认为，学习知识最可贵的地方在于能够实际应用，他说："凡贵通者，贵其能用之也。即徒诵读，读诗讽术，虽千篇以上，鹦鹉能言之类也。""为世用者，百篇无害；不为用者，一章无补。"王充在这里强调的是读书贵在应用。

叶圣陶的"三步"读书法

叶圣陶是一位伟大的作家、教育家、编辑出版家、社会活动家，是我国现代文化史上知识分子的典范，被称为"教育界的一代宗师"。叶圣陶在数十年的教学、创作、编辑生涯中，总结了一套行之有效的"三步"读书法。

"三步"读书法是指对重要的、需要精读的书籍或文章，分为初读、复读、再读三步来进行。

初读，要经过三个环节：求疑、答疑、复核。首先要仔细阅读，找出疑难处；然后要动脑筋，独立思考，力求自己去解答；为了验证自己的解答是否正确，最后要看看注释和参考书。叶圣陶认为："就其中的一篇或一章一节，逐句循诵，摘出不了解的处所，然后用平时阅读的经验，试把那些不了解处自求解答，再看注释或参考书。"初读的核心是在独立思考基础上的"问"，带着问题去读书、去思考、去解决疑问。读书无疑，等于不读。有疑问时，要经过认真思考，在百思不解的时候，才看参考书、注释或求教别人。

复读，是对初读的必要补充，使阅读者进一步获得新的知识，加深对文章中的脉络、思路、要点、中心等的理解，这是深入一步的阅读。叶圣陶强调说："复读一遍，明了全篇或全章全节的大意。"复读时要对作品主要写些什么问题，试着用几句话概括出来；要对作品写给谁看的，为什么目的写的，表达些什么情感或观点，作品写了几层意思，各层的意思是怎样的关系等加以了解。

再读，就是最后细读一遍。初读和复读应该"钻进去"，最后的第三步细读应该"跳出来"，目的在于有所收获、有所提高、有所创造。叶圣陶说："最后细读一遍，把应该记忆的记忆起来，应该体会的体会出来，应当研究的研究出来。"这就是第三遍再读的任务。它的目的是吸收创新，学懂的内容，要记牢、要体会；对于能改造、创新的，就要下一番研究工夫，使认识不断深化，以至转化成为自己的成果。

运用"三步"读书法的过程，是一个不断深入的读书过程，每读一步就深入一层。中小学生掌握了这种读书方法就能在反复阅读中提高认识，得到启迪，从而提高阅读能力和写作水平。

秦牧的"牛嚼"法和"鲸吞"法

著名作家秦牧，每天都要阅读大量的书报杂志，广博地积累知识。结果，他写出的作品宛如由知识的珠宝串成，闪耀着独特的光彩。秦牧在谈到读书时，主张采取牛和鲸的吃法，即"牛嚼"与"鲸吞"。

什么叫"牛嚼"呢？秦牧说："老牛白日吃草之后，到深夜十一二点，还动着嘴巴，把白天吞咽下去的东西再次'反刍'，嚼烂嚼细。我们对需要精读的东西，也应该这样反复多次，嚼得极细再吞下。有的书，刚开始先大体吞下去，然后分段细细研读体味。这样，再难消化的东西也容易消化了。"这就是"牛嚼"式的精读。

那什么叫"鲸吞"呢？秦牧说："鲸类中的庞然大物——须鲸，游动时俨然是一座漂浮的小岛。但它却是以海里的小鱼小虾为主食的。这些小东西怎么填满它的巨胃呢？原来，须鲸游起来一直张着大口，小鱼小虾随着海水流入它的口中，它把嘴巴一合，海水就从齿缝中哗哗漏掉，而大量的小鱼小虾则被筛留下来。如此一大口一大口地吃，整吨整吨的小鱼小虾就进入鲸的胃袋了。人们泛读也应该学习鲸的吃法，一个想要学点知识的人，如果只有精读，没有泛读；如果每天不能'吞食'它几万字的话，知识是很难丰富起来的。单靠精致的点心和维生素丸来养生，是肯定健壮不起来的。"

"牛嚼"与"鲸吞"，二者不可偏废。中小学生既要"鲸吞"，即大量地、广泛地阅读各种书籍，又要对其中少量经典著作反复钻研，细细品味。如此这般，精读和泛读就能有机地结合起来了。

徐特立的"化整为零"读书法

徐特立是我国现代著名教育家和革命家。他一生好学不倦，在长期的治学、教学过程中备尝甘苦，积累了大量宝贵的读书经验。他很重视学习方法，他认为：怎样学习是一个非常重要的科学问题。

"化整为零"的读书方法，就是把整块的学习资料，有目的、有步骤地分割成小块内容，一部分一部分地占有，然后再进一步读懂记牢。

徐特立早年家境贫寒，读书不多。在湖南农村教书时，他为了丰富自己的知识，制订了十年读书计划，奋发苦读，积累了大量的知识。功夫不负有心人，他终于成了一位文科、理科都能教，而且备受学生欢迎的老师。当时，徐特立的教学工作很繁忙，于是他根据工作实际情况，采用了"化整为零"的读书方法。

他自学心理学、伦理学，总是利用晚上八九点以后的时间，选出重要的部分抄下来，慢慢读熟。他说自己读书"总是选出要紧的用本子抄，然后用零零碎碎的时间读熟，一本本书就这样读完了"。

对于数学、几何、三角等书，需要有思考的时间，于是外出时，他便把一本《数学表解》放在口袋里，边走边思考，走了一段路，想通弄懂了就再翻到另一条定理或另一个题目，继续思考。徐特立读书有时遇到一些问题，不能一下子解决，他就分成几个小问题，有空就思考，白天如果没想出结果，晚上睡觉前躺在床上继续去想，想出来后马上就起床记在本子上。就这样他用"化整为零"的方法解开了许多难题。

徐特立记忆知识严守一个"少"字诀。在读《说文解字》时，他每天不贪多，只读两个字，晚上睡觉时用右手的食指在左手掌心默写，结果不到一年全记熟了。后来他教《说文解字》时，要求学生每天记一个字，两年学完，但学生不听，偏偏要到周六一起记六个字，结果考试时许多学生写不出来。这说明采用"化整为零"的方法，每天虽然记得少，但积少成多，是很有效的。

爱迪生的目标读书法

托马斯·爱迪生是美国著名的发明家，活了85岁。他一生发明甚多，在专利局登记过的项目就有 1328 项，加上放弃专利项目的，达 2000 种左右，平均每半个月就有一项发明。他发明了电灯、留声机和二重、三重、四重发报机，以及英文打字机、蓄电池等。他 12 岁便开始独自谋生，15 岁自办报纸，24 岁独立办工厂，27 岁建立了世界上第一个研究所。这样的创造速度，这样惊人的成绩，至今世界上还没有一个人能和他相比，人们公认他是"世界上最伟大的发明家""天才的发明家"。可是，爱迪生却说："所谓天才那是假话，艰苦的工作才是实在的。天才是百分之一的灵感，加上百分之九十九的汗水。"爱迪生的每项发明都是他的智慧和汗水的结晶。

爱迪生仅读了三个月的小学。退学后，他在母亲指导下，如饥似渴地学习了许多知识。他广泛阅读各类书籍，尤其喜欢物理和化学书籍，并照着书本做实验。他有着勤奋读书、勇于实验、不成功决不罢休的恒心和毅力。目标读书法就是他成功的诀窍之一。这是按照科别项目或既定的读书目的，集中精力，专一攻读的学习方法。

爱迪生在火车上卖报时，一天，他正潜心阅读，有位绅士走过来问道："你读书时有个什么整体目标吗？据我观察，你以往读的书与今天读的书性质都不一样，你是不是随便乱读的呢？"爱迪生申辩道："不！我是按照次序读的。我下决心，要读完这个图书馆里所有的藏书。"绅士听了爱迪生的话，深有感触地说："啊！你要读完这个图书馆所有的书，精神可嘉！不过，你这样读书会很浪费精力的，经济有效的读书方法应该是：首先确定好目标，然后再选书读。"听了这位绅士的一番话，爱迪生茅塞顿开，此后他读书便总是按照那位绅士的话去做的。

爱迪生不管实验工作怎么忙，都要在百忙中每天读三本书，他还很善于按照科学研究的需求，在短时间内精通一个方面的内容。每当一个实验进行时，不管理论方面有多大困难，他总是先把可以借到的有关著作集中起来，一本一本地苦读，然后做实验。他在研发改进打字机的一个零件时，就把有关打字机的书全部借来，有系统地阅读，并且很快解决了问题。在发明电灯的那段时期，他常常钻进图书馆，把各种杂志书刊上的有关文章阅读一遍，并根据需要摘抄一些段落。爱迪生这种带着目标读书的方法，大大加速了他的科学发明工作，使他一生受益匪浅。

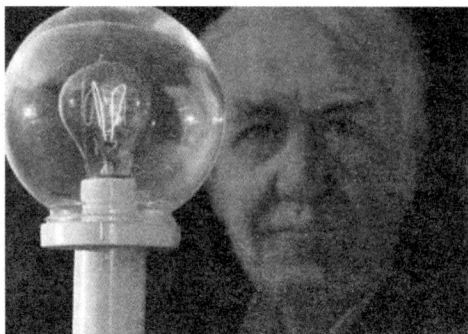

总之，目标对于读书、科学研究和事业成功都是至关重要的。我们要根据自己的实际情况，有针对性地确定切实可行的长期目标和为之奋斗的长远目标，目标确立后，就要付诸行动，身体力行，贯彻始善以争取胜利。

爱因斯坦的"淘金式"读书法

阿尔伯特·爱因斯坦是德国著名的科学家，是世界上著名的物理学家，被誉为"伟大的自然科学的革新家"，科学界也高度赞颂他是"20世纪的哥白尼""人类历史上一颗明亮的巨星"。爱因斯坦有一个著名的成功公式，即 A＝X＋Y＋Z，并解释为：成功＝艰苦的劳动＋正确的方法＋少说废话。这就是爱因斯坦成功的秘诀。在这里面"正确的方法"包含很多方面，当然也包括科学的学习方法。

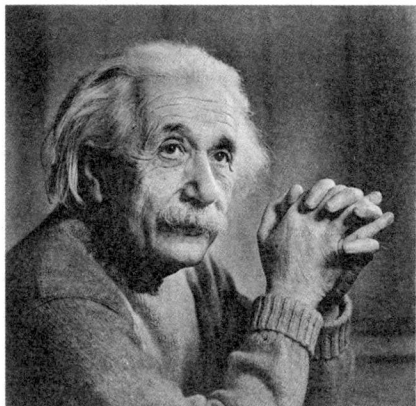

"淘金"就是去掉沙子，把金子留下，这种读书方法就是在所读的书中找出可以把自己引到深处的东西，同时把其他一切统统抛掉的读书方法。爱因斯坦说："我不久就学会了识别出那种能导致深邃知识的

东西，而把其他许多东西撇开不管。"

爱因斯坦阅读专业书籍时就是采用这种方法，他在从事物理学研究的时候，阅读了伽利略、牛顿等老前辈物理学家的大量著作。这些书籍经历了 200 余年的历史，许多观点与 19 世纪物理学中的新发现产生了矛盾，爱因斯坦就果断地把书中已过时的东西抛掉，吸取一些有益于研究工作的东西，毅然挥舞着批判的利剑，跨上想象的骏马，过关斩将，变革了传统的"绝对时空观"，创造了举世无双的"相对论"。

爱因斯坦在阅读其他书籍时，也常用"淘金法"。早在青年时代，他就读了许多科普读物，这使他认定《圣经》上的许多故事不可能是真的，会把人引入歧途。

爱因斯坦说他获得的知识"主要是靠自学得来的，热衷于深入理解，但很少背诵"。有一次，爱因斯坦得到一本装订十分考究的几何教科书，读完之后，搁下书来，就能将书中的精华部分条分缕析地讲述出来。有人很钦佩他读书的本领，向他探询读书的方法，他说："我是抓住了书的骨头，抛掉了书的皮毛。"爱因斯坦读书时善于独立思考，他的独立判断力和丰富的想象力，使他善于提出问题和解决问题。

爱因斯坦使用"淘金式"读书方法，不为那些权威所迷惑，不为那些"使头脑负担过重"的"沙子"困住，而由"金子"把"自己引到深处"。这种方法的独到之处在于勤思考，正像他自己说的那样："学习知识要勤于思考、思考、再思考，我就是靠这个方法成为科学家的。"

第四章　如何培养中小学生良好的阅读习惯

一、"书香门第" ＋ "书香校园"
——为中小学生营造良好的阅读氛围

环境是影响人的习惯形成的一种重要因素。中小学生良好阅读习惯的养成，与家庭环境、学校环境都有着很大的联系。如果没有良好的家庭阅读环境和学校阅读环境，中小学生的良好阅读习惯的养成也就无从谈起。因此，为了促进中小学生良好阅读习惯的养成，就必须从打造"书香门第"和"书香校园"做起。

用良好的家庭读书氛围打造"书香门第"

良好的家庭读书环境对于中小学生的阅读习惯的养成起着至关重要的作用。印度著名诗人泰戈尔说："我最大的幸运就是能在文学和艺术的氛围中成长。"中小学生自出生就在父母长辈的抚养和保护之下，入学之后的大部分课余时间和假日也在家庭中度过。因此，家庭是他们接受文学熏陶的重要场所，他们的文学阅读活动总是伴随着家庭的娱乐、休闲活动进行着。一般说来，在富有文学修养的家庭环境里成长起来的中小学生，往往有较好的阅读习惯和能力。而缺乏文学修养的家庭往往难以培养出爱读书的孩子。父母长辈作为家庭阅读的指导者，应该尽可能设法为中小学生创造一个富有文学阅读氛围和条件的环境。古代"孟母三迁"，就是为了给孟子寻找适合读书的良好环境，创造良好的家庭书香氛围。

战国的时候，有一位大学问家孟子。孟子小的时候非常调皮，他的母亲为了让他受到好的教育，花了好多的心血。孟子很小的时候，他的父亲就去世了，孟子和母亲便住在墓地旁边。因为经常看到别人家办丧事，孟子就和邻居的小孩一起学着大人跪拜、哭嚎的样子，玩起办理丧事的游戏。孟子的母亲看到了，就皱起眉头："不行！我不能让我的孩子住在这里了！"孟子的母亲就带着孟子搬到市集旁边去住。到了市集，孟子又和邻居的小孩学起商人做生意的样子，一会儿鞠躬欢迎客人，一会儿招待客人，一会儿和客人讨价还价，表演得像极了！孟子的母亲知道了，又皱起了眉头："这个地方也不适合我的孩子居住！"于是，他们又搬家了。这一次，他们搬到了学校附近。孟子开始变得守秩序，懂礼貌，喜欢读书。看到儿子的变化，孟子的母亲很满意地点着头说："这才是我儿子应该住的地方呀！"

家庭阅读环境包括家庭的藏书量、读书室的环境以及父母的读书习惯等方面，这些都对中小学生的良好阅读习惯的养成有着很大的影响。

1. 为中小学生打造舒适的家庭读书室

家庭读书室的环境是影响中小学生的阅读的重要因素之一。一间明亮、宽敞、安静、温度适宜、布置和装饰特别适合于阅读的书房，会让中小学生的阅读事半功倍；而一间昏暗、狭小、嘈杂、闷热、布置和装饰不合理的书房，则会让中小学生无心阅读。

（1）书房的布置

家长可以将孩子的卧室作为书房，如果条件允许，也可以为孩子留一个单独的房间作为书房。

房间中应该为孩子摆设一个独立书柜。一方面，这个书柜应该由一个、两个或者更多的小书柜组成，各个小书柜可以自由组合，可以根据孩子的年龄，逐渐增加小书柜的数量，组合成一个大书柜，以容纳更多书籍。另一方面，可以根据空间的大小来调整和填充。这类书柜的特点是空间比较大，适合放比较多的书籍，而且一般情况下，搁板的数量、搁板间的距离可以根据书籍的高度和物品大小任意调节。这样比较适合不同年龄的孩子，随着孩子年龄的增加，并不用替换书柜，只要增加小书柜的数量就行了。

另外，房间中还应该摆放一套组合书桌。组合书桌一般包括一张书桌，书桌上边是一个桌上架，书桌下边是一个抽屉。常用的书籍可以放在小书桌架上，这样方便孩子拿取；而不常用的书籍则可以放在书桌的抽屉里。值得注意的是，组合书桌不能太小，应该考虑到家长与孩子一起阅读所占据的空间。另外，椅子既不要太硬又不要太软，高度适中，并且应该有一个直的靠背（斜的靠背会导致不好的姿势、背部紧张等）。一般来说，它应该使孩子既不太放松，又不会太紧张，并且有助于孩子养成良好的阅读姿势。为了缓解阅读产生的疲劳，也可以在椅子上为孩子增加一个靠垫。

保持书房的洁净也很重要。书桌上应只放当时读书非用不可的东西，每天都要清理一遍，收拾得井井有条。书桌上还可摆放一个花瓶，插些时令的鲜花，或是摆一些盆栽的小型的观赏植物，这样可给书房带来一种非常清新的气息，有助于消除大脑的疲劳，恢复精神。

（2）书房的照明选择

书房的照明对于中小学生的视力健康有着很大的影响。一些家长认为，孩子看课外书是很好，但是容易造成近视，所以不想让自己的孩子看课外书。其实，中小学生由于阅读造成近视，除了阅读时间过长以外，主要是由于书房的采光照明的选择不合理。

如果书房的采光较好，白天可以不开灯，让孩子在自然光下进行阅读。但是要注意，不要让孩子在太强的阳光下看书，因为光线过强会对孩子的视力造成损害。我们平时看书写字只需要 100 米烛光。而在太阳下看书，照明度可达 8 万—12 万米烛光，是日常照明度的 800—1000 倍。长期在强光下看书，眼内肌过度调节，会促使孩子近视的发生和发展。强光还会对视网膜尤其是黄斑区造成损害，使视敏度下降，甚至引起永久性视力减退。因此，应该给孩子的书房装上窗帘，百叶窗也是一种很好的选择，这样就避免了强光对孩子视力的损害。

同时，光线太弱也会对孩子的视力造成影响。在阴天或者晚上光线不足的时候，应该采用人工照明的方式。孩子的书房应该采用双重照明，即在屋顶采用荧光灯的情况下，桌面再用台灯局部照明，而且台灯要比荧光灯亮才行，否则会影响青少年视力的敏锐度。灯泡不要挑颜色偏红色或黄色的，这种灯色不仅会引起神经的兴奋、精神紧张，而且其色调与自然光相比偏暗，使被照物黑白对比度下降，增加了眼睛的调节负荷。另外，台灯应该选择闪烁的波动幅度小于 5% 的"护眼灯"，因为长期在闪烁的光源下进行阅读，会使瞳孔括约肌和视网膜因过度使用而疲劳、酸痛，甚至伤害视神经，导致头晕头痛、心烦紧张，甚至心动过速。

（3）书房温度、湿度、通风的控制

据专家的研究发现，使大脑保持清爽，读书效率也高的最佳气温约 18℃（包括室内、室外），湿度大约是 60%。如果气温高于这个标准，但湿度低于该标准，人还是会感到神清气爽。比如，气温是 21℃，湿度是 40%，这个状态下仍然适合读书；如果气温同样是 21℃，湿度却高达 70%，这就令人感到闷热，当然不是理想的读书状态了。

要保持大脑清醒，光看温度和湿度是否适合是不够的，还得看室内空气的流通状况，长时间在密不透风的室内读书，或是一个窄小的房间里挤了一大堆人，大脑就会昏昏沉沉——这是空气不流通的缘故。

所以必须保持孩子书房的通风。

（4）书房的隔音设置

孩子的书房应尽量设置在安静而进出人较少的地方。如果居室周围有噪音干扰的话，也可以采取增加隔音设备来保持孩子书房的安静。如果条件不允许，也可以选择把窗户关上以减少噪音的影响。

在阅读的时候，并非环境越安静越适合阅读，适当地给孩子播放一些背景音乐，往往会对他们的阅读活动起到促进作用。在音乐的种类方面，应选择那些旋律优美、节奏舒缓的古典音乐和"世界音乐"，对于中小学生来说，这些音乐不仅可以起到放松和缓解阅读疲劳的作用，而且对于他们对所读内容的记忆也有着促进作用。

2. 家庭藏书的选择

孩子的书房建好了，还需要图书来支撑。家长应该及时地给孩子添加图书，不能让孩子的书柜成为一种摆设，那就起不到培养孩子阅读兴趣的作用了。家长可以根据孩子的年龄阶段，把不同阶段的书籍摆在比较适合孩子抽出的书架上。至于图书的种类和数量，家长要根据自家实际情况进行准备和发展。在选购图书时，可以定期带孩子去书店，也可以在网络上，通过搜索引擎、论坛、图书专业网站、博客等方式获知各种适合自己孩子的图书的口碑，从而选择最符合自己家孩子的图书库。

3. 做孩子阅读的表率

谈起家长对孩子阅读习惯的影响，一位家长深有感触地说："其实，我也没时间看书。也许，儿子受了我们的影响。我有个亲戚，他自己很爱读书，家里藏书有500多册吧。他的女儿才读六年级，看过的不少书，我儿子都没看过。我发现父母的言传身教还是很有作用的。"

父母是孩子的第一任老师，父母的言行举止、兴趣爱好直接影响着孩子。要让孩子养成良好的阅读习惯，父母首先要把读书视为生命中的第一大需要。

我国现代著名女作家丁玲的母亲喜爱文学，能诗会画，她常常向年幼的丁玲口授唐诗。丁玲在很小的时候就能背诵几十首唐诗，并读过不少古典小说。

辛亥革命爆发后，丁玲的家乡常德县成立了女子师范。当时，丁玲的母亲已经33岁了，但是，她不顾世俗的反对，毅然上了师范班，并把7岁的小丁玲也带进了师范幼稚班。此后，母女俩携手同校读书，一时在当地传为美谈。

丁玲的母亲就这样以自己的行为影响着小丁玲，指导她走上文学的道路。

很多家长希望自己的孩子能喜欢读书，从书中汲取知识的营养，而且也都非常愿意给孩子买书，只要是对孩子有益的读物，不管多贵都愿意购买。但是，他们自己却不愿意读书，总是天天打牌、看电视、闲聊，这样的父母在教育孩子读书方面是没有说服力的。

小菲是一名小学五年级的学生，她说："有一次，我在家看书，爸爸他们在外屋打麻将，因为太吵了影响了我看书，所以我就叫他们能不能不打。没想到爸爸竟然说：'喊什么喊，出去玩去，别在这儿碍事！'爸爸的语气很是生硬。我不知道是我看书重要还是他打麻将重要。"

苏联教育家苏霍姆林斯基说过："谁能以自己的生命增加人类的宝贵财富，谁能进行自我教育，那他就能教育好自己的孩子。"父母要培养孩子的阅读兴趣，就一定要给孩子提供一个良好的榜样，用自身的阅读行为去感染孩子。

一般来说，在有读书风气的家庭中，孩子读书自然就是天经地义的事情了。父母喜爱读书，孩子从父母身上可以看见获得知识的乐趣，就像日本作家岛崎藤村在《幼年故事》中记载的："父亲注视着学校图书馆书架上的书籍，并且沉迷于书内……这里好像是书籍的墓地，而著作这些书的人也不知道长眠于哪里，父亲却沉醉于书籍的墓地里，口中尚念念有词似的道出作者的姓名而深思着。"

想要中小学生养成良好的阅读习惯，作为家长，不仅自己要多读书、多看报，还要重视"亲子共读"。父母长辈参与到孩子的儿童文学阅读中去，与他们共读同乐，本身就是一种美妙而有效的指导方式。可以采取父母读一段，然后孩子再读一段的方式，也可以采用父母和孩子分角色朗读的方式。在这种"共读"的过程中，父母为孩子释疑解难，帮助他们逐渐养成独立阅读的能力，激发他们对阅读的兴趣，让他们养成良好的阅读习惯。

用良好的学校读书环境打造"书香校园"

学校是中小学生受教育的场所。语文教师对中小学生阅读的指导、学校读书活动的开展、学校图书馆和图书室的水平等方面，都对中小学生良好阅读习惯的养成有着很大的影响。

1. 教师对中小学生学校阅读行为的指导

中小学生在学校里的阅读行为的指导者一般由语文教师来担任。一般来说，一方面，中小学生在学校中的阅读总是和语文学习联系在一起的，因此带有较强的教育色彩，是对语文课教学的辅助和补充；同时，它又是学校进行文学教育和素质教育的一种方式和途径。它不大可能像在家庭环境中那样轻松，那样具有娱乐、休闲的氛围。另一方面，中小学生在学校的阅读行为具有明显的集体性质。学校的读书活动，通常是通过有组织、有计划的安排，学生或是参加兴趣小组，或是班级整体，往往是一个教师指导一群学生。所以，对每一名中小学生来说，他（她）不可能像在家庭中那样随心所欲，而是必须作为集体的一员参加阅读活动，接受阅读指导。另外，中小学生在学校的阅读行为还带有更多的实践训练性质。为了让学生掌握欣赏方法，提高文学能力，教师在进行阅读指导的过程中，总要想方设法多给学生以实践的机会，比如让学生用多种方式读作品（朗读、默读、背诵等），开展讨论，发表见解，乃至进行写作训练。其实，这也是教师进行中小学生学校阅读指导的基本方式。

　　教师在课堂教学中，应该通过不同形式对中小学生进行阅读指导。

　　（1）阅读指导课。通过教师激趣，结合语言文字的内容和形式特点提示阅读的门径，采取"以一篇带一组"的方法进行。按照"整体→部分→整体"的顺序进行阅读。从总体入手，迅速捕捉主题，理清文章思路，再按"篇→段→句→篇"的顺序进行训练。

　　（2）阅读欣赏课。对一些文质兼美的文学精品，教师应先引导学生品读体味，重在通过朗读揣摩推敲作者运用语言文字的功力，感悟其表现方式，并积累优美的词语，以培养学生的语感，提高其朗读能力和鉴赏能力。

　　（3）读写迁移课。在习作之前，教师可根据习作要求，选一两篇在语言表达形式上可供中小学生模仿借鉴的文章，重在表达方法的指导；有时也可以由教师给出文题，中小学生自选同类课文进行"自学"，强化对此类表达方法的感悟。这种"范文引路"的形式，具有随学随用、立竿见影、省时高效的特点，大大减少学生习作的难度，提高习作质量。

　　（4）好书推荐课。对于故事性强的作品，教师可以从中选择一个有趣的情节进行讲解；对于语言优美的作品，教师可以从中选择出一段进行朗读；对于知识丰富的作品，教师可以为学生们讲解一些他们不熟悉的知识；对于篇幅较长的作品，教师可以对全书内容进行简介，也可运用现代化媒体播放书中一段精彩场面的人物对白或叙述，或播映改编的电视剧、电影中的一个场面，从而引起学生的阅读兴趣。

　　（5）成果汇报课。主要检查汇报某一阶段学生的阅读情况。基本结构为：明确活动要求→学生专项汇报→评选特长学生。

　　另外，教师还应该组织中小学生进行合作式阅读。要想提高中小学生合作式阅读的实效性，教师必须对他们进行合理分组，应根据本班学生的个性、学习水平、爱好、特长、性格、性别、智能因素等情况，本着"条件均衡、优势互补"的原则，把他们分成若干小组，每个小组一般为四人，然后再根据小组成员的个人能力及特长给每名成员安排互补且相互联系的角色，以明确各自责任，如：组长——负责小组活动的整个组织协调；总结人——负责总结归纳小组的主要结论和答案；检查员——检查小组所有成员是否都能清楚地说出小组得出的答案或结论；联络员——负责小组与教师及其他小组进行联络和协调；记录员——负责记录小组决议，并编写小组报告；观察员——负责小组的活动情况，为改善或提高小组活动效率提供建议。通过这种合作式阅读的活动，不仅可以培养学生的团结协作精神，还能有效地促进他们的思想感情交流，养成良好个性品质，拓宽他们的探究空间，做到课内外有机结合，从而提高中小学生的阅读能力。

开展丰富多彩的语文实践活动也是打造良好的校园阅读环境的重要内容。例如组织中小学生开展名著配画、办读书手抄报、背诵古诗比赛、读书笔记展示会、名著表演等丰富多彩的实践活动，将阅读活动渗透进中小学生的学习生活的方方面面。

2. 学校图书馆、图书室的建设

学校图书馆和图书室是中小学生进行校园阅读行为的主要场所。学校图书馆和图书室的藏书质量和结构，对学生的开放程度以及服务水平如何，直接影响到中小学生良好阅读习惯的养成。一些学校由于经费不足，或者校领导重视不够，没有设置图书馆和图书室。有的学校即使有图书馆和图书室，也存在面积狭小、缺少舒适的读书环境的问题，在藏书的数量和质量方面也难以满足中小学生的阅读要求。由于缺少专门的经费，很多学校的图书馆、图书室无法购入市场新出的书籍，旧书中又没有学生们爱看的卡通类、漫画类图书，难以引起学生的阅读兴趣，喜欢到图书室借书的同学并不多，即使去了，也只是浏览一些学生刊物。有些学校的图书馆和图书室只对教师开放，不允许中小学生借阅。

中小学校应加强对图书馆、图书室的建设，加大经费的投入，增加藏书的数量，提高藏书的质量，购入适合中小学生阅读的新书、好书。中小学的图书馆、图书室要对中小学生全面开放，同时广泛实行开架借阅，并开展预约借书、参考咨询的多种形式的服务，让中小学生可以每天到学校图书馆、图书室看书读报，以满足他们旺盛的求知欲望，这对于培养中小学生的良好阅读习惯是很有好处的。

二、好的阅读从正确姿势开始

——端正中小学生的读书姿势

端坐读书好处多

读书时应该保持端坐的姿势，双手拿好书，书本不要垂直，而应稍稍向外倾斜一点。双腿与地板平行，背部直立，胸部自然挺直，身体不要向左右倾斜。中小学生正处于骨骼和肌肉的发育时期，不正确的阅读姿势不仅容易造成驼背、斜肩或者脊柱畸形，还会影响肺部的发育。正确的坐姿不仅能够使中小学生保持良好的背部曲线，还会缓解其在阅读中的肌肉疲劳。有些中小学生开始时还能保持正确的姿势，

背部和臀部平靠椅背

手离笔尖一寸远　胸离书桌一拳远　眼离书本一尺远

33.3厘米

但是时间一长就会松懈，腰部弯曲，脖子向前伸，这样会使颈部动脉受到压抑，脖子和眼睛就会处于充血状态。这样时间久了，就会造成眼压升高，眼球隆起，眼轴随之变化，最终出现眼部异常而导致近视。因此在长时间的读书过程中，至少应每隔一小时伸伸腰背和活动一下颈部，这也不失为减轻眼睛负担的有效方法。在阅读过程中，除了保持端正的姿势外，也要注意眼睛与读写物的距离，太远或过近都没有好处，保持在30厘米左右较为适宜。

一些中小学生喜欢趴在桌子上看书，这样眼睛距离书本过近，容易使眼球充血，不一会儿眼睛就累得发酸。另外，趴着看书时，头歪在一侧，长时间容易造成斜视。还有的中小学生喜欢躺着看书，觉得这样身体会很舒服，不容易疲劳。其实，躺着看书有很多坏处。人在正常看书时，一般都是由两只眼球同时发挥视觉作用，两只眼球所承受的负担基本上是一样的，而且也基本呈水平状态。如果是躺着看书，情况就不大相同了。躺着看书时，两只眼球不在同一水平上，或上下偏斜，或左右偏斜，连接焦点的位置也脱离轨道，使两只眼睛所承受的负担轻重不一，眼球在紧张的情况下会自动调节紧张的状态，容易把书本移近眼睛，难以保持在30厘米的最佳距离，这样会加重眼睛负担2—3倍，日久就会形成近视。有的中小学生喜欢侧躺着身子看书，这样不但光线不好，而且长时间侧着身子，歪着眼睛阅读，还容易造成斜视。

吃饭、走路、乘车不看书

有的中小学生经常边吃饭边看书，这种"用功"的表现其实是很有害处的。人在吃饭时，大脑会主宰消化液的分泌和食欲的大小。如果大脑被其他情绪或工作分散了注意力，就会抑制消化液的分泌。一旦消化液分泌减少，食欲就会慢慢减低。中小学生吃饭的时候看书报，就是一心两用，既要记得看的，又要消化吃的，这使得胃肠不能得到充分的血液，消化工作就容易停滞，造成消化不良。

有的中小学生喜欢边走路边看书或在乘车时看书，这是非常不好的习惯，而且容易造成危险。因为走路时手会时常晃动，乘车时车会不时地颠簸，身体也会摇晃，手中的书也是上下、左右、前后不停移动，书本与眼睛的距离就不断发生变化，视网膜上的影像就会变得一会儿清晰，一会儿模糊。为了努力尽可能地看清楚书中的内容，屈光系统就要始终进行着调节，再加上得不到合适的自然采光和人工照明，这样容易造成眼部的疲劳，经常如此易导致近视。同时，在嘈杂的环境中思想很不容易集中，阅读的效果不会太好。另外，在走路时看书还容易发生交通事故，是十分危险的。

三、打造"书海淘金匠"
——引导中小学生正确选择课外书

苏联著名文学家高尔基曾说："读一本好书，就像和许多高尚的人谈话。"一本适合中小学生阅读，对他们有益处的好书，能够启迪他们的智慧，改变他们的观念，甚至影响他们的一生。为孩子选择课外书，犹如沙里淘金。当我们走入一座座现代化的图书馆，走进一座座迷宫般的书城，见到那汗牛充栋的书籍时，常常会不知所措，究竟哪些书对自己的孩子才有价值呢？而另一方面，许多家长选择到自己认为对孩子有用的书籍，孩子却对这些书不感兴趣，翻了几页就丢在一边了。一位家长深有感触地说："我选的书，孩子怎么都不喜欢？"而很多中小学生也抱怨在选择课外书的过程中缺少自主权。相关调查显示，在回答"你读的课外书的最主要来源"时，49.5％的被调查的中小学生选择了"让父母给自己买"；18.5％选择了"向父母要钱自己去买"。

其余的被调查者选择了借阅的方式，其中有 15.5% 的人选择"从学校或城市图书馆借"；13.9% 的人选择"从同学或朋友那里借"。以上结果说明，我国中小学生课外书的最主要来源是父母，近半数的人是由父母直接买给自己。那么，究竟如何引导中小学生正确选择课外书呢？

选择课外书要适合中小学生的年龄特点

不同年龄的中小学生具有不同的心理特点和阅读水平。家长在为自己的孩子选择图书时，一定要从孩子的年龄特点出发，图书内容的难度一定要在孩子年龄的认知能力范围之内，不要过于超前，揠苗助长的做法只会伤及孩子的学习兴趣，助长厌学情绪。

1. 小学一二年级

小学一二年级学生因为识字不多，拼音不熟练，阅读水平还较低。因为孩子小，不会选书，所以家长要帮助孩子选书。许多低年级学生的家长给孩子买了书，发现孩子不爱看，就以为孩子不喜欢看课外书，殊不知有时原因不在孩子身上，而在家长自己身上。有可能是家长选的书不适合孩子看，童话与神话故事书是这个年龄段孩子的最爱，还有笑话书、卡通书等。另外是家长选的书的难度高于孩子的阅读水平，造成了孩子的阅读困难。

低年级学生家长，尤其是一年级学生家长替孩子选书时要注意以下三点：

（1）选择的书最好是图文并茂的，图多对开发孩子右脑有好处，可以丰富孩子头脑中的表象，对孩子今后创造力的发展有好处。

（2）选择的书应尽量薄一点，最好是一本书里只有一两个故事的，这样孩子很快能读完一本，内心就能产生一种成就感和愉悦感，下次就还会想读。如果家长为了省钱，给孩子买那种图少而文字多，又很厚的书，孩子就会丧失读书的兴趣。

（3）最好先帮孩子扫除书里生字的障碍。家长可以选择拼音版本的书，一本书里孩子不认识的字最好控制在 20% 以内，这样孩子读起来才不会磕磕巴巴，才会乐意读下去。否则的话，就建议父母与孩子一起读，最好是识字与读书同步进行。

2. 小学三四年级

小学三四年级的学生，可以选择读一些深刻的童话书，像科学童话与故事，知识类图书（《十万个为什么》、自然科学、宇宙之谜、动植物知识等）、伟人故事与历史类的书，还有儿童报刊等。

3. 小学五六年级

小学五六年级的学生，可以选择读一些漫画书、寓言、儿童小说、儿童报告文学、科幻小说、探险故事、人生智慧、为人处世、少儿百科全书等等。

4. 初中阶段

初中生最适合读的书是名人传记以及人生智慧方面的书。因为初中时代是一个人树立理想、为将来发展打基础的时期，有特别强烈的模仿倾向，特别崇拜心中的偶像，如果孩子在初中时代没有机会接触这些名人传记方面的书，他就会去追歌星、影星、球星等明星。另外还可以看一些科普书籍、青春期知识方面的书籍以及大众流行读物等。

选择课外书要适合中小学生的个性特点

个性是作为个体的人所体现出来的全部心理特征的总和。正如世界上没有完全相同的两片树叶一样，世界上人的个性也是千差万别的，每一名中小学生的性格都不可能与其他人完全相同。因此，教师、家长要善于发现学生的个性特点，并根据学生的个性特点推荐课外读物，以此来引发其兴趣。比如：性格内向的学生，可以给他们推荐一些古今中外科学家成才的故事，如《爱因斯坦传》《李四光》等；性格外向、天性好动的学生，可以向他们推荐英雄保家卫国具有战斗场面的读物，如《钢铁是怎样炼成的》《林海雪原》等；喜欢音乐的学生，可以让他们多读《聂耳》《贝多芬》的故事；喜欢文艺、体育的学生，可以向他们介绍与之相关联的名人趣事，投其所好，循循善诱，使他们从这些名人趣事中找到与自己个性特点相适应的地方，点燃他们的希望之光。因为，"强烈的希望是人生中比任何欢乐更大的兴奋剂"。只有适合不同中小学生个性的课外书，才能真正成为他们的"阅读好伙伴"。

应鼓励中小学生博览群书

曾获得诺贝尔物理学奖的华裔科学家李政道教授，在谈到他的读书经验时说："看书不要只看科技方面的书籍，还可以看文艺小说、科学幻想小说，等等。这样有好处。我从小喜欢看书，杂得很，什么书都看。父母也很支持我看书，从不限制我看哪些方面的书，却注意引导我对基础知识的牢固掌握。"

博览群书为李政道打下了坚实的知识基础，培养了他敏锐的思考力。他不到20岁时就去美国留学，31岁获得诺贝尔物理学奖，并以渊博的知识和伟大的成就闻名全世界。

博采众长、博览群书是一个人扩大知识面、开阔眼界、获得渊博知识的重要途径之一。博览群书就是要浏览大量的书籍和报刊，采百家之长，从各个方面汲取营养来充实自己，从而形成个人的知识系统和结构。

鲁迅先生喜爱读书，他主张读书先要博览群书，他曾说："应做的功课已完而有余暇，大可以看看各样的书，即使和本专业毫不相干，也要阅览。比如学理科的，偏看看文学方面的书籍；学文学的，也可以多看看科学书，看看别人在那里研究的究竟是什么东西。这样子，对于别人、别事，可以有更深的了解。"鲁迅先生还说："读书不要只限于一门，更不要只限于一家。只看一个人的著作，结果是不大好的，你得不到多方面的优点。必须像蜜蜂一样，采得百花，才能酿出蜜来。倘若只叮一处，所得就非常有限了。"

善于读书的人，应该像高明的医生收集药物那样，博览群书，积累丰富的知识，为将来的学习和工作打基础。

对于中小学生来说，博览群书会使他们终生受益。父母要转变只看重孩子学业成绩的观念，不仅要让孩子读课堂上要学的书，为了扩展他们的知识面，还要让他们进行广泛阅读，从而丰富他们的知识，开阔他们的视野。

教师在中小学生选择课外书的过程中应发挥指导作用

教师首先要教会中小学生如何选择课外书。这其中包括两个方面的内容。一方面，教师要指导中小学生学会选择适合自己阅读的读物。目前，市场上各种中小学生读物琳琅满目，但不是所有这些读物都适合中小学生去阅读，教师需要指导中小学生去选择那些积极的思想健康的读物来阅读。在这一过程中，教师除了要向他们推荐优秀的读物外，还需要加强对家长的指导，使其配合老师，教会孩子选择读物。另一方面，教师还要教中小学生在有益的读物中学会选择对自己有用的信息。尽管是一部好作品，但其中的内容、观点未必都适合自己，因此，教师应注意指导中小学生在课外阅读过程中有选择地吸收有益于自己的信息，以促进自己的健康发展。

另外，教师应该将开列书目与学生自由选择读物相结合：开列书目是为了保证中小学生通过阅读摄取全面的文化养料。教师可根据教学的需要和中小学生阅读的实际情况，定期为他们列出必读书目。这些书籍的内容涉及人文和自然学科的诸多领域，有利于知识、能力和情感等教学目标的实现。同时，教师也要照顾中小学生的兴趣爱好，除了要求他们完成指定的课外阅读任务外，可允许他们自由选择自己爱读的书籍。这样，中小学生不仅读文学作品，也读科技、历史类的文章；不仅读散文、故事、童话、寓言，也读戏剧、小品；不仅读中国的作品，也读世界各国的作品；不仅读中国现代的作品，而且读中国古代的作品，满足他们的自我选择性心理需要，发展他们各自的兴趣爱好和特长。教师要让这些美文成为中小学生生活的向导、写作的拐杖、精神的力量、想象的翅膀……

购书常识小贴士

如何鉴别图书质量

第一，慎重选择出版公司。学生和家长在购买图书时，应选择正规的、有信誉的出版社的作品，这些作品能从图书的内容、表现形式方面进行充分考虑；同时，要尽量选择发行、出版时间较近的，最好是装订优良或精美的书籍。有的家长可能为了便宜或方便等原因，给孩子买地摊书（包括盗版书），这样是得不偿失的。地摊书（盗版书）除了印刷质量差、错别字多以外，有的内容也不健康。

第二，要留意纸张的情况。有很多书籍纸张过于白皙，而且还亮堂堂的，这样会让中小学生在阅读时易产生疲劳感。眼睛的疲劳不但是健康方面的问题，也是让中小学生不喜欢阅读的一大原因。

第三，书籍内文字采用的字体、字号的选择，应尽量遵守柔和易阅读的原则。字号过小容易造成中小学生的视力疲劳，经常如此会患上近视；而字体单调，或者过于复杂，会影响版面的美观，不容易引起中小学生的阅读兴趣。

四、我的阅读我做主
——让中小学生为自己制订个性化的读书计划

所谓"计划"就是未来行动的方案。读书计划就是未来读书的行动方案。相关专家指出："我希望你们每个学期至少读 10 本书。这样，一年读 20 本，到小学毕业，读书在 100 本以上。如果每本书平均 10 万字，共 1000 万字，阅读量是语文教科书的三四十倍。"而到了初中阶段，学生学业负担相对较重，但每个学期至少可以读 4 本书（一个月 1 本）。一年两个学期 8 本书，加上两个假期读两本书，一年下来就是 10 本书。九年级、八年级两个学年就是 20 本书。以每本书平均 20 万字计算，也有 400 万字。要完成如此大的阅读量，就应该让中小学生制订一份适合自己的读书计划，确定一个明确可行的阅读目标，严格按照阅读时间表完成每一个时间段的阅读任务和目标。

也许有些家长认为，孩子读书，只要是有空闲时间，爱读就读吧，不必花时间去制订什么读书计划，有这个时间还不如多读一本书呢。

家长的想法也许是实际的，但是，读书是一项艰苦的脑力劳动，要想让孩子坚持下去，就得有一个计划，有了这个计划，孩子就会按照计划执行，才不至于让孩子读书的目标成为泡影。

家长在为中小学生制订读书计划时，应注意以下几个问题：

第一，必须让中小学生自己参与制订读书计划。只有中小学生亲自参与制订阅读计划，才能在执行计划时充分发挥积极性。为了让阅读计划变得更加直观，家长还可以指导中小学生制作一张非常直观的阅读计划表，让他们把阅读前要讨论的问题、阅读后得到的答案等一一填写进去，以便于对照、思考。另外，如果一本书阅读一次以后感觉理解得不够深入，还可以让他们安排再次阅读的计划，以重点体会故事的情感内涵和创作者的匠心。

第二，为中小学生制订的读书计划要合理。读书计划的合理首先是时间的安排上要合理。有的中小学生的读书计划不是在客观分析的基础上制订出来的，而是在考试成绩不理想，或者受到老师、家长的批评以后，心血来潮，想在短时间内读大量的课外书，"一口吃成个胖子"，这样的计划是不切实际、难以完成的。另外，计划的内容也要合理。比如，这一阶段学习了哪些知识，中小学生可以根据老师提供的"中小学读书目录"来安排自己的读书计划。每一个读书阶段，都应有自己的阅读重点，只有有重点地进行阅读才能有较好的收获。中小学生也可以根据自己的兴趣来选择读书的内容，但注意不要"偏食"，那些对于他们来说不是很喜欢，但对提高他们的知识储备很有好处的书，家长要督促中小学生安排时间来读。

第三，为中小学生制订的读书计划不应该只有一个。合理的读书计划一般分为短期读书计划、中期读书计划和长期读书计划。中短期读书计划是长期读书计划的分解。与长期读书计划相比，对于中小学生来说，制订的短期计划应该是比较容易完成的。只有在短期计划完成的基础上，中小学生才能认真执行中长期计划，才能使他们的阅读始见成效。

第四，读书计划重在执行。家长在孩子制订读书计划后，一定要督促他们认真去执行。孩子一般都有惰性，假期开始时，都会认认真真地给自己制订雄心勃勃的读书计划，可是真正到了执行的时候，又总是借故推托，三天打鱼，两天晒网，到了假期结束时才发现自己几乎没有认真读完一本书。所以，计划的关键之处就在于能按计划行事，计划一旦制订就不要随意更改。

家长最好把孩子的读书计划写下来，贴在孩子的床头，这样可以随时提醒他们。家长也可以把孩子完成计划的情况记到记事本上，抽一个固定的时间和孩子交流书中的内容，这样既可以促使孩子多读书，读好书，又可以让孩子看到自己的计划有没有得到执行，目标有没有达到，这样也会对孩子的阅读起到促进作用。

第五，家长要鼓励而不是强迫孩子完成阅读计划。家长应当注意的是，制订计划的目的是鼓励孩子系统性地进行阅读，而不是强迫孩子一个月读几本书。所以哪怕孩子没有完成当月的读书计划，但确实通过阅读学到了不少知识，获得了一定进步的话，家长就不能批评或指责孩子，而是应当和孩子一起分析为什么没能完成计划，是因为时间太紧还是别的什么原因。同时，也可以适当修改过高的或不切实际的目标，让孩子能够自觉自愿地投入到下一个阶段的阅读计划中。

五、读书时间"挤"出来

——引导中小学生充分利用时间进行阅读

有许多中小学生说："我也是喜欢读书的，就是没时间。"确实，现在的中小学生课业负担很重，作业很多，很少有大块时间坐下来读课外书。但是，也不是完全没有读书的时间，只要你想读书，总会抽得出时间的。这就要求中小学生在阅读过程中合理安排自己的时间，这样对于提高阅读效率是很有好处的。

1. 根据自己的生物钟，安排适宜的时间阅读

中小学生应该在一天当中大脑活动功能良好、阅读效果最佳的时间进行阅读。每个人都有自身的作息特点和习惯，适宜阅读的时间也

不尽相同。研究表明，通常人在一天当中大脑功能最好的时候是刚刚睡醒以后3—4小时左右。早上，人刚睡醒，经过一个晚上的有效休息，就像一台加满了油的机器，是学习、工作的好时机。另外一个较好的阅读时段是下午的2—3点。晚上8—9点也是阅读的重要时间段。人经过一天的紧张工作，稍作休息后，大脑恢复了活力，同时晚上寂静的环境也有利于保持头脑的清醒。

2. 杜绝浪费时间的现象

在生活中，中小学生浪费时间的现象很普遍、很严重。他们正处在世界观和人生观的形成阶段，自我约束能力差，认为读书太累，因此浪费了很多宝贵的时间。这种浪费时间的具体表现有：聊天，没有节制地玩，看电视，做白日梦，坐一会儿、站一会儿，等等。即使阅读的时候端着书本，也是注意力不集中，没有目的地瞎看，东张西望，心神不定，或者在笔记本上乱涂乱画，等等。这些都是宝贵时间的"杀手"，白白抢走了时间。因此，要让中小学生学会有效地、合理地利用时间。

3. 善于利用零碎时间

日常生活中，每个人或多或少总有一些零碎的时间。白白浪费这些时间是非常可惜的。因为如果把这些时间连起来，积少成多，会是不小的一个时间段。于是，善于利用时间的人就懂得把这些时间连起来，为己所用。

苏联昆虫学家柳比歇夫就是这样做的。柳比歇夫把零碎的时间称为"时间的边角料"。像排队、乘车、坐船等零碎时间，他都把它们利用起来，用于读书。有一次，他到一个边远的城市工作，临走前，先把自己要读的书邮寄到那里，大有"兵马未动，粮草先行"之势。就这样，日积月累，他不仅在自己的专业知识方面牢固扎实，而且对其他专业的知识也很熟悉，成了著名的昆虫学家。

另一个典型例子就是鲁迅。他主张利用零碎时间"随手翻翻书"。他自己就是利用平时微不足道的时间阅读了大量书籍，积累了丰富的知识。目前保存的鲁迅藏书有3800多种，1.2万册，另有5000多张碑拓片，这些书画鲁迅基本上都"翻"过。

可见，中小学生应充分利用茶余饭后等零散的时间来进行阅读，积少成多，只要一直坚持下去，就会收到惊人的阅读成果。

六、两耳不闻书外事
——培养中小学生读书专心致志的习惯

读书有什么"秘诀"吗？有，这个"秘诀"就是专心。阅读的成效来自于一定时间内的"专一不二"。有些中小学生阅读成效不大的原因，通常并不是他们不努力，而是由于他们读书时不善于"专一不二"。

美国发明大王爱迪生在回答别人的提问"成功的第一要素是什么"时答道："能够将你身体与心智的能量锲而不舍地运用在同一个问题上而不会厌倦的能力。你整天都在做事，不是吗？每个人都是。假如你早上7点起床，晚上11点睡觉，你做事就做了整整16个小时。对大多数人而言，他们肯定是一直在做一些事，唯一的问题是，他们做很多很多事，而我只做一件。假如你们将这些时间运用在一个方向、一个目的上，那么就会成功。"

有专家经过研究得出结论，人们集中精力的最佳时限为25分钟。超出这个时限，精力就不容易集中。因此，如果每天在你认为最合适的时间安排25分钟阅读，这是最有成效的。据测定，25分钟可阅读普通读物20页，如果一本读物为280页，两周可读一本，一年可读26

本。另外，中小学生可以读一些自己感兴趣的书籍，这样更容易集中自己的注意力。

如果中小学生了解自己能集中注意力阅读的最高时限，将会有助于自己阅读效率的提高。因为清楚了自己注意力集中的最高时限，中小学生就不会毫无意义地把阅读的时间作不必要的延长。如果你的最大时限是 50 分钟，那么不妨就在 50 分钟以后休息一下。休息是为了积累更多的能量，在适度的充电之后，就更能提高阅读效率。适度地变换阅读内容，也有助于自己注意力的集中。为了保持阅读效率，中小学生必须注意阅读内容的求新、求变。

读书要专心，道理好懂，做起来却不容易，究其原因，一是人往往易为复杂的环境所干扰，而被环境所支配；二是普通人缺乏训练，专心干一件事是一种能力，这种能力需要通过训练和锻炼才能获得。

阅读专注度训练营

1. 收拾好自己的书桌

有的中小学生在阅读时，书桌上堆满了与他们所读的书无关的东西，玩具、零食、其他书籍等占领了大片的阵地，不断分散着他们的精力。他们一会儿玩玩玩具，一会儿拿起零食吃几口，一会又去翻翻其他的书，看看好看的照片，这样阅读的思路经常被打断，无法专注地投入到阅读中。如果中小学生想全神贯注地读书，就应该把书桌上所有与所读的书无关的杂物都清理干净，让自己的阅读空间变得"一尘不染"，这样才能将自己所有的精力都投入到阅读中，从而收到好的读书效果。

2. 养成良好的睡眠习惯

一些中小学生由于学习负担重，或者因为看电视、上网等而经常熬夜，睡得很晚，结果早晨不能按时起床，即便勉强起来，头脑也是昏昏沉沉的，一整天都打不起精神，有的甚至在课堂上伏桌睡觉。在这样的精神状态下进行阅读，自然无法全神贯注，阅读效率也会很低。所以，对于这些"夜猫子"型的中小学生，应该让他们学学"百灵鸟"，这样才能保证他们在阅读过程中全神贯注，提高阅读效率。

3. 学会自我放松

中小学生在阅读过程中，如果时间较长，就会感觉紧张、疲劳，从而注意力不集中。这时，可以选择舒适地坐在椅子上或躺在床上，然后向身体的各部位传递休息的信息。先从左脚开始，使脚部肌肉绷紧，然后松弛，同时暗示它休息，随后命令脚踝、小腿、膝盖、大腿，一直到躯干部休息，之后，再从脚到躯干，然后从左右手放松到躯干。这时，再从躯干开始到颈部、头部、脸部全部放松。这种放松训练的技术，需要反复练习才能较好地掌握，而一旦掌握了这种技术，会使中小学生在短短的几分钟内，达到轻松、平静的状态，从而重新进入专注的阅读状态。

名人故事小链接

董仲舒"三年目不窥园"

西汉思想家、哲学家和教育家董仲舒自幼就异常勤奋，专心学习，读起书来经常废寝忘食。他的父亲董太公看了十分心疼，就决定在后宅修筑一座花园，以便让董仲舒读书读累了的时候，到花园里歇息散心。第一年，董太公派人去南方学习考察了花园的建筑艺术之后，就一边准备砖瓦木料，一边破土动工，小花园很快就粗具规模。花园里阳光明媚，绿草如茵，鸟语花香，蜂飞蝶舞。姐姐多次邀请董仲舒去园里游玩，但他手捧竹简，只是摇摇头，然后继续看竹简，学习孔子的《春秋》，背诵先生布置的《诗经》。第二年，小花园里建起了假山，邻居、亲戚的孩子都纷纷爬到假山上玩。小伙伴呼唤董仲舒："快来玩呀！"但他动也不动，专心研究竹简上的诗文，头也顾不上抬一抬。第三年，后花园建成了。亲戚朋友们纷纷携儿带女前来参观，都夸董家花园建得精致漂亮。父母叫董仲舒陪他们去玩一会儿，他只是点点头，仍低头学习。中秋晚上，董仲舒全家在花园中边吃月饼边赏月，可就是不见董仲舒的踪影。经过多年这样专心无二的苦读，董仲舒终于学有所成，被征为博士，公开聚众讲学，弟子遍布四方。

七、不做"读书晒网人"
——培养中小学生持之以恒的阅读习惯

　　读书贵在有恒心。毛泽东在湖南第一师范求学时，曾经写了一副对联用来勉励自己："贵有恒，何必三更起五更眠；最无益，只怕一日曝十日寒。"凡是通过读书有所收获的人，都有一个共同点，那就是他们都在读书上能够做到坚持不懈，也正因为如此，他们才会出类拔萃。

　　晋代大诗人陶渊明隐居时，有不少少年向他求教。一天，他家里来了个少年，谦虚地向陶渊明请教读书的妙法。

　　陶渊明拉着他走到一块稻田边，指着一棵一尺来高的禾苗说："你仔细地瞧一瞧，看禾苗是不是在长高？"少年目不转睛地看了半天，眼睛都流出眼泪了，那禾苗却仍然和原来一样不见长高。他失望地对陶渊明说："没见长呀！"

陶渊明又把少年带到溪边的大磨石前问他："你看看那块石头，那磨损得像马鞍一样的凹面，它是在哪一天被磨成这样的呢？"少年想一想，说："不曾见过。"

陶渊明耐心地启发诱导说："要你看禾苗，是想让你知道，虽然眼睛观察不到，但禾苗的确是每时每刻都在生长的。我们做学问也是一样，知识的增长也来自平时一点一滴的积累，我们自己虽然没有觉察到，但是只要持之以恒，终究可以见成效的。"

少年一下子豁然开朗，再也不提请教什么读书妙法的事情了。回家后，少年日夜苦读，从不间断。功夫不负有心人，几年后，他终于考取了功名。

让我们作一个粗略的计算，按照中等阅读速度每分钟读400字，假如每天抽出15分钟的时间用于学习，可以读6000字；如果能够抽出30分钟，则可读10000多字。即使只按15分钟计算，一个月下来你就看了18万字，一年下来就是200多万字，这差不多是3000多页的书；若按一本书20万字计算，每天读书15分钟，一年就可以读十多本书，这个数目已相当可观。如果每天有1小时用于读书，就能读24000字，一周7天读168000字，一个月可读720000字，一年的阅读量可达800多万字，相当于每本20万字的书40多本。

培养中小学生做事持之以恒的方法

1. 父母要做孩子的表率

父母是孩子的第一任教师，也是终生连任的教师。中小学生每天都在仔细地观察着父母的一言一行、一举一动，并模仿着、学习着。往往在父母还没有觉察的时候，他们的言行举止已经给孩子留下了深刻的印象。有句俗话："上梁不正下梁歪。"如果想让孩子从小养成良好的做事习惯，那么"上梁必须正"，父母必须以身作则，无论处理什么事情，都要认真、圆满地完成，做孩子的表率。

2. 对孩子要从严要求

坏的习惯，必须通过严格要求才能矫正；好的行为，必须通过严格要求才能形成、巩固。有的家长兴之所至，要求孩子完成某件事情，起初能坚持督促孩子去做，但时间一长，当孩子不肯做时又轻率迁就，这些做法都不可取。

3. 坚持鼓励为主的原则

如果孩子做事中途退缩，不想完成，家长切忌唠叨个没完，或者张口就骂，动手就打，更不要讽刺、挖苦，这样做很容易使孩子产生逆反心理，以致伤害其自尊心。而应细心观察，对于他们在阅读中遇到的困难要及时予以帮助，对于他们的点滴进步要及时予以鼓励、表扬，使他们产生愉悦感和自信心，从而使孩子树立坚持完成任务的决心。

4. 应重视对孩子自制能力的培养

自制力就是能够控制自己、支配自己的行动的能力。它表现为既善于促使自己去完成各项任务，又善于控制自己的行为。中小学生由于年龄较小，注意力不稳定、自控能力较差，做事往往有头无尾。所以，要根据以上特点，从他们的生活习惯方面入手，先提出小的要求，让其通过不大的努力就能完成任务，久而久之，就会使他们逐步地学会控制、约束自己的行为，去完整地做好每一件事情。

孔子"韦编三绝"

孔子是春秋末期的思想家、政治家、儒家学派的创始人。他自幼发愤读书，阅读了大量的先贤著作，遇到不懂的地方，还虚心向别人请教，做到"不耻下问"，30岁时便成为当地很有名气的学者。

春秋时还没有纸张，制作书籍的材料主要是竹子。一般是把竹子削成一片一片的竹签，刮去上面的青皮，用火烘干后在上面刻字，称为"竹简"。竹简有一定的长度和宽度，一根竹简只能刻一行字，多则几十个，少则八九个，完成一部书要许多竹简。书的内容全部刻上去以后，要用牢固的牛皮绳子把这些竹片按顺序编联起来，就可以阅读了，这样的过程就叫做"韦编"。由于一片竹简只能刻很少的字，所以如果一部书的字数很多的话，那就需要几十斤甚至上百斤的竹片。像《周易》这样的书，当然是由许许多多竹简编联起来的，因此相当沉重。

孔子到了晚年才开始学《周易》。《周易》是一部很难读懂的古书，孔子下了很大的工夫，才把它全部读了一遍，还只是基本上了解了它的内容。接着，他又读了第二遍，掌握了它的基本要点。然后，他又读第三遍，才对其中的精神、实质有了比较透彻的理解。此后，为了深入研究这部书，同时也为了给弟子们讲解，他不知翻阅了多少遍《周易》，这样读来读去，把串联竹简的牛皮带子也给磨断了好几次，不得不换上新的再读。即使读到了这样的地步，孔子还谦虚地说："假如我能多活几年，就可以多理解一些《周易》的文字与内容了。"

八、用你的笔画出"阅读的年轮"
——培养中小学生养成记读书笔记的习惯

著名作家、教育家叶圣陶说过，阅读时"想到了什么，不妨随时提笔把它记下来，这就是读书笔记。想的时候往往比较杂乱，比较肤泛；写下来就非有条理不可了，非切切实实不可了，所以读书笔记是督促自己认真阅读的一个好办法"。读书笔记指读书时为了把自己的读书心得记录下来或为了把文中的精彩部分整理出来而做的笔记。在阅读过程中，写读书笔记是训练阅读的好方法。英国思想家培根说："做笔记使知识准确。"许多中小学生课外阅读并不少，但阅读和写作能力并没有明显提高，原因之一就是他们在阅读时动口动眼不动手，不做摘抄，过而不留，因而许多优秀的课外读物如过眼烟云，收效甚微。可能有些中小学生会认为做读书笔记太浪费时间，实际上，养成做读书笔记的习惯，对于中小学生来说，具有多方面的好处。

记读书笔记的好处

第一，记读书笔记可以帮助记忆。对于一个人来说，知识越丰富越好。知识的丰富是由积累而形成的；读了就忘，知识是丰富不起来的。读书笔记便是帮助记忆、积累知识的最好途径之一。俗话说："好记性不如烂笔头。"这就说明记读书笔记能帮助记忆。

第二，记读书笔记也是积累知识的一种好方式。古人说：不动笔墨不读书。就是说，阅读时必须记笔记，才能积累知识。北宋科学家、政治家沈括的《梦溪笔谈》就是一部读书笔记式的作品。

第三，记读书笔记还能帮助中小学生提高阅读能力、分析能力、综合归纳的能力以及文字表达能力，是一种手脑并用、阅读和写作结合的综合训练。

记读书笔记的方法

1. 抄录式笔记

抄录式笔记的内容包括摘录图书、报刊、教材中与自己的兴趣和学习关系密切的章节、段落。有的可以抄录对问题的论证和结论，帮助自己更深刻地掌握文章的主题和重要公式的论证；有的可简明扼要地抄录文章论述的主要问题、中心思想和重要的公式图表、实验方法、实例等。

2. 摘要式笔记

摘要式笔记是在理解和掌握文章内容的基础上，按照原书或原文顺序简明扼要地摘录其要点。可以把书中一些重要的理论、观点、结论、重要公式、实验结果等，按照原文顺序将其要点摘录下来。

3. 提纲式笔记

提纲式笔记指用纲要的形式抄录和用自己的话结合的方式，将一本书或一篇文章的论点或基本内容提纲挈领地记录下来，可将文章中的大小标题作提纲，标题之下罗列讨论的内容。这种笔记条理清楚、内容扼要，简单易行。经常作提纲式笔记，可以帮助中小学生提高逻辑思维能力。

4. 批注式笔记

批注式笔记指在书中画出精彩、生动、意义深刻、关键性的词句和段落，在正文旁注明符号，用简短的文字做扼要的提示批注，这样能起到提醒注意，指明思考重点和方向的作用。这种笔记往往只有三言两语，具有重点突出、文字简洁、便于查找的特点。另外，学生在记这种笔记时，边读边画，边写边想，理解更加深入。这种方法简便易行，便于复习，比较适合于中小学生使用。

5. 质疑式笔记

对于阅读中的重点难点，自己不能解决或理解不深、模棱两可时，中小学生可以把这些问题先记录下来，从而形成质疑式笔记。这样可以避免出现"难题"成为读书的"拦路虎"而读不下去的现象，也可以避免马虎从事，似懂非懂不求甚解地读过去，从而暂时把问题搁置起来。随着知识的丰富、思维能力的提高，可以再回过头来学习，或是请教老师加以解答。这种方法对于中小学生培养学习能力，养成独立思考的习惯非常有帮助。

6. 心得式笔记

心得式笔记是用自己的语言写下读书后的感受、认识、体会、启发以及收获的一种笔记。读完全书或文章后，中小学生经过反复思考，才能将知识牢牢地记在心中，这时可以将自己受到读书的启示记在笔记上。这种笔记要联系实际，可或长或短，但要写出真情实感，特别是对于自己受阅读启发而产生的新观点、新方法、新构思，中小学生更应将其写在心得式笔记中。

7. 书签式笔记

中小学生在平时读书时，遇到需要背诵的内容，可以记在书签上，然后把书签夹在课本里、放在口袋里或插在房间专放书签的袋子里，一有空就读一读、念一念、背一背，直到背得滚瓜烂熟，记得牢为止，再把它存放起来。这种书签式笔记，可以帮助中小学生进行记忆。如此反复，中小学生头脑中积累的东西就会越来越丰富。

古人读书笔记

蒲草笔记

西汉著名的司法官路温舒小时候家境贫寒，没钱读书。一次，在野外放牧时，他发现宽宽的蒲草可用来写字，于是便将蒲草采回家，一边读书，一边在蒲草上做笔记，读了一本，又抄一本。就这样，他终于谙熟《春秋》经义，成为有名的法学家。

树干笔记

南北朝时的任末，外出求学时没有钱住客店，便在树林里搭了间小茅屋住，然后用荆条削成笔，用树的汁液作为墨水来写字。他在读书时，因为买不起纸张，便把书中的优美词句写在树干上，等有钱买到纸后再抄录下来。就这样，天长日久，这片树林中的许多树的树干上都留下了任末的笔记。后人便将这片树林称为"经苑"。

布袋笔记

南宋诗人梅尧臣，外出时总少不了带上一个小布袋，每当读到佳句妙语，就把它们写在纸片上，然后投入小布袋中。到了做学问时，他便从小布袋中取出所记的纸条，或予以引用，或启发思维。经过这样的积累，他终于成为一位出色的诗人。

陶罐笔记

元末著名学者陶宗仪，为了躲避战乱来到江华亭时，躬耕于田野，累了便坐在树下歇息、读书。每有所感，他就取出随身带来的笔砚，在树叶上记下来，并将树叶笔记放入准备好的陶罐中，埋在树下。经过10余年的积累，竟然积累了许多罐这样的树叶笔记。后来，他将这些笔记加工整理，终于成为一部颇有学术价值的著作——《南村辍耕录》。

九、让字典成为你的"阅读密友"
——培养中小学生读书时勤查工具书的好习惯

生字和生词常常成为中小学生阅读的"拦路虎"。当遇到这些"拦路虎"时，就需要工具书——字典、词典来帮忙。字典是中小学生"无声的老师"。用好字典，是中小学生一生的财富。《新课程标准》强调："教会学生查字典，是培养语文自学能力的重要措施，必须予以重视。"提出要让中小学生"养成查字典的习惯"。

儒家学派的创始人孔子说："工欲善其事，必先利其器。"意思就是说，若想达到目标，必须有锐利的工具。字典、词典之所以被称为工具书，就是因为它们是我们阅读中的"利器"。

字典的主要功能是查字，比如《新华字典》；词典的主要功能是查词语，比如《现代汉语词典》。这些工具书提供字词的形、音、意及其使用方法。

在阅读中养成查字典、词典的习惯，对于中小学生来说，具有很多好处。

在阅读中，中小学生经常会遇到生僻的字、词语和不了解的人物，这时要及时查阅字典、词典，及时地扫清阅读障碍，必要的话，要将查到的词条抄录下来，标注在生词的旁边，这对于中小学生积累生字、生词和其他知识都是很有好处的。中小学生通过查阅工具书，还能纠正一些容易写错的字。如，"披星戴月"的"戴"不能写成"带"；"出尔反尔"的"尔"不能写成"而"。

在阅读和写作过程中，学会使用有关工具书，不但能够使中小学生的文字表达规范化，而且能使他们掌握多方面的知识。任何一本工具书对相关字词的解释都是比较全面的，有些词语的解释很有意思，涉及很多人文和历史典故，能够增长中小学生的见识。像《辞海》《大百科全书》这样的工具书，其实就是一座知识的宝库，它们包括各种学科的内容，如哲学、社会科学、文学艺术、文化教育、自然科学……这对于丰富中小学生的知识面是很有好处的。

|阅读常识小贴士|

查字典的方法

1. 音序查字法

这种方法简单易学。只要中小学生能熟练掌握汉语拼音的拼法，就可以查字典了。如果我们只知道某个字的读音，还想知道这个字的写法和字义时，就可以采用音序查字法。如想查"父母"的"母"字怎么写，可根据它的读音，先从"汉语拼音音节索引"中找到 m 的大写字母"M"，再查"u"这个音节，看清它右边标明的页码是哪一页，然后按照页码在字典正文部分的这一页找到"u"这个音节，再按音节的声调顺序找，就可以找到"母"字。

2. 部首查字法

这种方法也很简单，如果我们知道某一个字的字形，还想知道这个字的读音和字义时，就可以采用部首查字法。如查"请"字，先确定它的部首是"讠"，按"讠"的笔画数在"部首目录"中找到"讠"

部的页码，然后根据部首页码，在"查字表"里找到"讠"部，把要查的"请"字除去"讠"部，按照"青"的笔画数，在"讠"部八画中找出"请"字的页码，再翻到字典正文的此页就可查到"请"字。这样就可以知道这个字的读音和字意了。

　　3. 数笔画查字法

　　这种方法我们平时不常用到，但是中小学生也应该掌握。如果我们知道某一个字的字形，还想知道这个字的读音和字义，但是很难判定这个字（这些字一般都是独体字和难检字）的部首时，就可以采用数笔画查字法。如查"凸"字，首先要数一数它有几画，数过之后知道它一共有 5 画，然后在"难检字笔画索引"五画中找出"凸"字的页码，再翻到字典正文的此页就可查到了。